골든룰

NAPOLEON HILL'S GOLD STANDARD

성공한 1만 명을 분석한 절대 불변의 행동 원칙

골든룰

NAPOLEON HILL'S
GOLD
STANDARD

나폴레온 힐·주디스 윌리엄슨 지음 | 이소옥 옮김

for book

NAPOLEON HILL'S GOLD STANDARD

추천의 글

버지니아 주 산골 벽촌에서 태어난 나폴레온 힐은 열세 살부터 글쓰기를 시작한 이래, 70여 년 동안 저술 활동을 하며 글쓰기를 갈고 닦았다. 힐 박사는 성공철학 불후의 명작 〈성공의 법칙Law of Success〉, 〈생각하라 그러면 부자가 되리라Think and Grow Rich〉를 포함한 다수의 책을 저술하여 삶의 지표로 삼을 '골든룰Golden Rule'을 널리 확산시켰다. 그리고 나폴레온 힐의 독자들은 그가 일생에 걸쳐 저술한 주옥같은 삶의 지침을 유산으로 물려받았다.

이 책의 저자로 참여한 주디스 윌리엄슨Judith Williamson은 나폴레온 힐의 성공 법칙을 직접 실천하는 것은 물론, 힐 박사의 성공 법칙을 전문적으로 연구해 왔다. 그녀는 자신의 연구 결과를 바탕으로 퍼듀 대학에서 성공철학 강좌를 개설하였고, 미국은 물론 해외에서도 강연과 세미나를 진행해 오고 있다.

인디애나 주 퍼듀 대학 부설 '나폴레온 힐 세계교육센터Napoleon Hill World Learning Center'에는 힐 박사의 문서들이 보관되어 있다. 이들 문서에는 힐 박사와 관련된 가치 있는 정보들이 수록되어 있으며, 독자들이 관심을 가질 만한 내용들로 가득하다.

나폴레온 힐 세계교육센터에는 힐 박사가 발행한 잡지 원본들이 전시되어 있다. 힐 박사는 1919년부터 1923년까지 월간지 〈나폴레온 힐 매거진Napoleon Hill's Magazine〉과 〈나폴레온 힐 골든룰 매거진Napoleon Hill's Golden Rules Magazine〉을 발행했다. 마이클 J. 리트 Michael J. Ritt와 커크 랜더스Kirk Landers가 공동 집필한 나폴레온 힐 전기 〈풍요로운 삶A Lifetime of Riches〉을 읽어 보면, 이 잡지들이 처음에는 인기가 없었다고 한다. 하지만 나폴레온 힐이 직접 집필과 감수를 맡고 판매에 나선 덕분에 큰 인기를 얻어 성공할 수 있었다고 한다. 이처럼 나폴레온 힐은 '인생'이라는 강에서 '성공의 골든룰'을 찾아냈고, 그 골든룰을 활용하여 많은 사람들이 더 나은 인생을 살도록 도왔다.

이 책에 수록된 골든룰 50가지는 나폴레온 힐이 카네기의 의뢰를 받아 성공한 사업가 500여 명을 인터뷰한 자료, 그리고 강연과 저술 활동을 하면서 평생 동안 만났던 성공한 사람들의 행동 습관을 분석한 결과물이다. 따라서 독자들은 골든룰을 통해 어디에서도 배울 수 없는 귀중한 교훈들을 얻게 될 것이다.

책을 읽다 보면 특별히 관심이 가는 내용을 찾아낼지도 모른다. 그러나 성공으로 향하는 여정에서 각자가 어느 위치에 있느냐에 따라 특별히 관심을 갖는 내용은 사람마다 다를 수도 있다.

이 책을 읽고 당신에게 부족한 성향이 있다고 느껴진다면, 다시 한 번 자세히 읽어 보기 바란다. 그리고 이 책에서 당신만의 골든룰을 찾을 수 있도록 자신의 행동을 변화시켜 보기 바란다. 그렇게 한다면 나폴레온 힐의 골든룰이 당신의 삶을 더 나은 길로 인도해 줄 것이라고 확신한다.

독자들이 이 책을 통해 얻는 유익함은 눈에 보이는 부유함으로 실체화 될 것이다. 무엇을 해야 하는가를 배우는 것도 중요하지만, 배운 것을 행동에 옮기는 것이야말로 성공으로 가는 지름길이다. 이 책을 읽고 배운 것을 행동으로 실천한다면 자신의 인생에서 정신적으로, 재정적으로 풍족한 미래의 문을 열게 될 것이다.

- 돈 M. 그린(나폴레온 힐 재단 이사)

머리말

나폴레온 힐의 명저를 독자들과 함께 읽게 되어 기쁘게 생각한다. 이 책에 수록된 내용은 힐 박사의 에세이, 저서, 그리고 강연 원고인 〈PMA 성공의 과학PMA Science of Success〉에서 선정했다. 힐 박사의 글을 다듬으면서 즐거운 마음으로 그의 성공철학을 현실에 적용해 보았다. '하늘 아래 새로운 것은 없다!'는 말을 새삼 떠올리며, 힐 박사의 철학을 내 나름의 해석에 맞춰 급변하는 오늘날에 적용해 보는 것은 무척 즐거운 일이었다.

이 책을 읽는 독자들이 학생이든, 회사원이든, 사업가이든 수많은 교훈들을 발견하게 될 것이다. 이 책에서 다루는 힐 박사의 성공 법칙이 지금까지도 수많은 자기계발서와 경제경영서, 교육 자료 등에 영감을 주고 있다는 사실이 그것을 증명하고 있다. 자신의 삶을 되돌아볼 수 있도록 돕는 스승보다 더 좋은 스승은 없다. 힐 박사가 평생 동안 1만여 명의 성공한 사람들을 인터뷰하고 분석한 절대 불변의 행동 원칙 '골든룰'은 독자들이 자신의 삶을 되돌아보면서 보다 나은 내일을 향해 한 걸음씩 나아가도록 도울 것이다.

독자들이 보물찾기를 하듯이 이 책을 읽는다면, 결코 손해를 보는 일은 없을 것이다. 오히려 자기 인생의 '골든룰'을 찾는 데 사용한 시간은 독자들에게 성공의 디딤돌이 되어 줄 것이다. 전체 50개 골든룰을 한 주에 하나씩 읽으면서 자신에게 필요한 성공의 비밀을 깨닫게 되면 곧바로 실행에 옮겨 보기 바란다.

　나폴레온 힐은 실천의 중요성을 강조하면서 이렇게 말했다.

　"무한 지성의 인도를 받는 동안 당신의 의식에 어떤 계획이 떠오른다면, 감사하는 마음으로 받아들이고 즉시 행동에 옮겨라. 망설이지 말고, 반박하지 말고, 걱정하지 말고, 초조해 할 필요도 없다. 그 일이 맞는 것인지 고민하지도 말고 곧바로 행동에 옮겨라!"

　이 책을 통해 독자들은 자신의 믿음을 행동에 옮김으로써 꿈에 그리던 사람으로 변신할 수 있다. 또한 자신의 모습을 더 높은 곳으로 끌어올림으로써, 자신이 세운 계획과 목표를 완벽한 결과물로 만들어 낼 수 있다. 여러분이 나폴레온 힐의 골든룰을 통해서 성공으로 가는 여정을 즐기게 될 것이라고 확신한다.

- 주디스 윌리엄슨

차례

차례

나폴레온 힐의 명언

삶이 자신을 괴롭히게 내버려 둔다면,
삶은 계속해서 자신을 내버려 두지 않을 것이다.

·

꿈을 이룰 계획을 세웠다면 준비되었든 준비되지 않았든
그 계획을 즉시 행동에 옮겨라.

·

자신이 원하는 것을 모른다면,
어떻게 그것을 얻을 수 있겠는가?

·

성공한 사람들은 원하는 것에만 초점을 맞추고,
원하지 않는 것은 마음에서 떼어낸다.

·

상상력은 영혼의 작업장과 같아서
성공에 필요한 계획들을 만들어 낸다.

·

말에는 힘이 있다.
'절대, 오직, 아무것도, 모든 것, 아무도, 할 수 없어'
같은 단정적인 말은 사용하지 마라.

NAPOLEON HILL'S GOLD STANDARD

1. '네, 그리고'와 '네, 하지만'

큰 목표를 향해 나아가다 보면 도전에 직면하게 된다. 하지만 성공을 무지개 끝에 있는 황금 단지로 보지 않는다면, 우리는 긍정적인 마음으로 더 나은 미래를 향해 나아갈 수 있다.
- 엘리 에셀 알퍼스테인Elizer A. Alperstein

삶의 변화는 나쁜 특성들이 쌓이지 않도록 하는데 꼭 필요하다. 변화가 없다면, 현재에 안주하여 침체되거나 타성에 젖게 된다. 혹은 세태에 저항만 하거나 나태함과 자기만족에 빠질 수도 있다. 삶의 변화를 원하지 않는 사람들은 스스로 만들어 낸 안전지대 안에 갇히고 만다. 그리고 그 안전지대는 자신을 틀 안에 박힌 채로 살아가게 만들고, 결국 그곳은 자신의 무덤이 될 것이다. 자신을 '회색' 상태에 놓아 두는 걸 허용한다면, 시간을 써 보기도 전에 늙어 버리게 될 것이다.

그렇다면 어떻게 해야 삶의 변화를 받아들일 수 있을까? 한 가지 방법은, 변화를 모색하는 제안에 "네, 하지만…"이라고 대답하지 않고 "네, 그리고…"라고 대답하는 것이다. "네, 그리고…"라고 대답하는 행동은 개방적이고 새로운 아이디어를 제공하는 반면에 "네, 하지만…"이라고 대답하는 행동은 부정하거나 불명확한 생각으로 연결되는 경향이 있다. "네, 하지만…"이라고 대답하는 사람은 앞으로 나아가고자 하는 생각 자체를 거부하는 행동을 하게 되고, 이런 태도는 종종 '건설적인 비판'으로 미화되기도 한다. 하지만 "네, 그리고…"라고 대답하는 행동은 말로써 누군가의 제안에 문을 닫아 버리는 것이 아니라, 아이디어를 얻으려고 기회를 수용하거나 앞으로 나아가기 위해 문을 열어 두는 것과 같다.

우리의 마음 자세는 동맥경화처럼 굳어 버릴 수 있다. 그래서 정신적인 식단 역시 우리가 실제로 먹는 음식만큼이나 중요하다. '사람은 먹는 것으로 만들어진다'는 말이 있다. 이와 마찬가지로 우리는 생각하는 것들로 이루어진다. 정신적인 특성과 신체적인 특징은 서로 밀접하게 관련되어 있다. 누군가가 다른 사람을 덜렁이, 괴짜, 기생충, 혹은 바보라고 부르는 걸 들어본 적이 있는가? 이런 말들은 칭찬의 말이 아니라, 누군가의 특징으로 굳어 버린 태도를 표현한다. 이런 말들보다는 사랑스러운 사람, 천사, 신사, 리더, 혹은 행동가나 혁신가로 불리고 싶지 않은가?

마음 자세를 바꿈으로써 성격을 표현하는 말들도 바꿀 수 있다. 마음 자세는 개인의 성향을 채색하고, 천천히 체계적으로 성격의 틀을 잡는다. 그리고 틀이 잡힌 성격은 마음 자세를 통해 자신의 운명을 스스로 결정한다. 변화는 내면에서 일어나 신체적인 경계 너머로 확대되고, 에너지를 발산하면서 주변 사람들에게 전염되기 시작한다. 다른 사람들에게 질병의 전조가 되고 싶은가? 아니면 건강의 상징이 되고 싶은가? 혹은 좋은 사람이 되고 싶은가, 나쁜 사람이 되고 싶은가? 이 질문들에 대한 대답은 세상을 바라보는 당신의 마음 자세에 달려 있다.

당신의 태도가 마음속에 그리고 있는 모습과 다르다면 변화를 모색할 때다. 오늘 당장, 기회가 찾아왔을 때 "아니요." 대신에 "예."라고 대답하라. 삶을 키보드의 삭제 버튼으로 보는 것이 아니라 풀어 볼 선물로 보라. 매일 찾아오는 기회들을 수용적으로 받아들이고 열린 자세를 갖는다면, 당신의 미래도 바뀔 수 있다. 또한 지금보다 더 나은 방향으로 나아갈 수 있다.

변화의 법칙

- 나폴레온 힐

창조자는 인간이 동물과 구별되는 정신적인 존재로서 자기 삶의 주인으로 살아갈 수 있도록 '변화의 법칙'을 선물했다. 우리는 마음가짐을 변화시키는 간단한 과정을 통해 어떤 형태의 삶이든 선택할 수 있고, 또 자신이 선택한 삶을 살 수 있다. 이는 누구에게도 도전받거나 빼앗길 수 없는 인간에게 주어진 권리다. 그리고 이 권리는 창조자가 인간에게 부여한 것들 중에서도 가장 소중한 특권이라 할 수 있다.

독재자나 세계를 정복하려던 자들은 나타났다가 곧바로 실패하고 사라졌다. 인간을 노예로 만들고, 자유를 파괴하려는 생각은 우주의 질서에 어긋나기 때문에 그런 자들은 언제나 실패하고 만다. 오히려 스스로 운명을 개척하고, 행동과 사고를 통제하고, 자신만의 방식으로 삶을 살기 위해 모든 인간은 자유로워야 한다. 이것은 불변의 법칙이다.

과거를 기반으로 미래를 예측하는 일부 철학자들은 히틀러나 스탈린 같은 독재자들이 일시적으로 자부심에 도취되어 자유를 파괴해도 분노하지 않았다. 그리고 히틀러나 스탈린은 다른 독재자들처럼 자유를 파괴하고 권력을 과시하려는 지배욕 때문에 자멸하고 말았다. 인간의 자유를 말살한 독재자들은 나태함에서 인간을 깨어나게 하고, 더 나은 삶을 살도록 변화시키겠다는 미명 하에 수많은 악행을 저질렀다.

인간이 평화로운 방식으로 협조하면 자연은 인간이 변화하도록 이끌어 준다. 하지만 변화의 법칙을 무시하거나 저항하며 따르지 않을 때, 자연은 어쩔 수 없이 충격적인 방법을 사용한다. 예를 들면 사랑하는 사람의 죽음이나 치명적인 질병, 사업 실패, 실직 등의 방법을 동원하는 것이다. 사람들은 이런 상황이 닥치면 어쩔 수 없이 직업을 바꾸거나 새로운 일자리를 찾는 등의 변화를 모색한다. 그리고 이런 변화들은 오래된 습관을 버리지 않았더라면 꿈도 꾸지 못했을 큰 기회를 가져다준다.

인간보다 하찮은 생명체들은 미리 주어진 삶을 살아간다. 하지만 인간은 변화의 법칙을 따르며 살아가야 한다. 자연은 오직 인간에게만 변화의 법칙을 제공해서 인간이 우주의 질서에 따라 발전하고 성장할 수 있도록 돕는다.

발명가 토마스 에디슨은 초등학교 입학 3개월 만에 삶의 첫 번째 시련을 겪었다. 선생님은 에디슨에게 학습 능력이 부족하다는 쪽지를 손에 쥐어 집으로 돌려보냈다. 그 후 에디슨은 학교로 다시 돌아가지 않았다. 하지만 그는 경험을 통해 스스로 학습했고, 실전 학습을 통해 역사상 가장 위대한 발명가가 되었다. 뿐만 아니라 여러 직장에서 해고를 당하는 수모도 겪었지만, 운명은 에디슨이 중요한 변화를 겪으며 위대한 발명가가 되도록 이끌었다. 만약 에디슨이 정상적인 학교 수업을 받았더라면 위대한 발명가로 성장하지 못했을 지도 모른다.

시련이나 신체적 고통, 외로움, 스트레스, 실패와 맞닥뜨리면 어려움을 이겨내는 방법을 배워야 한다. 그리고 다시 시련을 만났을 때는 어려웠던 당시를 떠올리면서 유익한 방향으로 나아가야 한다. 시련에 대한 반항심에 비명을 지르거나 두려움에 떨지 말고, 고개를 높이 들고 시련과 함께 오는 보상의 씨앗을 찾아 사방을 둘러보자.

* 출처 : 〈당신 안의 기적을 깨워라You can work your own miracle〉

2. 선택 능력

모든 성공의 씨앗은 명확한 목표에서 싹을 틔운다. 우리가 로드맵을 이야기할 때, 구체적인 목적을 정하지 않으면 나아갈 방향을 정할 수 없다.

- 크리스토퍼 레이크*Christopher Lake*

우리가 일상생활에서 기억해야 할 중요한 다섯 가지 사실은 다음과 같다.

첫째, 생각은 구체적이어야 한다.

둘째, 선택은 결과를 만들어 낸다.

셋째, 사람은 생각하는 대로 된다.

넷째, 긍정적인 자세는 모든 상황에서 필요한 삶의 자세다.

다섯째, 의식은 한 번에 하나의 생각이나 감정만 받아들인다.

이와 같은 간단하지만 중요한 사실들이 개인의 삶을 바꿀 수 있다. 위의 다섯 가지를 매일 염두에 두고 살아가면 하품이 나오는 지루한 일상은 기적 같은 변화를 맞을 것이다. 마치 땅에서 기어 다니던 애벌레가 아름다운 나비가 되어 하늘로 날아오르듯, 마법 같은 변화가 일어날 것이다. 나비처럼 날개가 돋아나 날아오를 준비가 되었을 때, 공기 역학을 이해하고 있으면 날아오르기에 더 좋지 않을까?

나폴레온 힐 재단 이사 겸 사무총장인 돈 M. 그린은 언젠가 이렇게 말했다.

"많은 사람들이 자신에게 기회가 찾아와도 성공하지 못한다. 자신에게 주어진 가장 큰 특권인 '선택 능력'을 활용하지 못했기 때문이다. 하지만 어떤 사람들은 자신의 특권인 선택 능력을 사용해서 기회가 주어지지 않을 때도 성공한다. 그 이유는 시련에 굴복하지 않고 성공할 때까지 최선을 다해 노력하기 때문이다."

우리는 마음먹기에 따라 자신에게 주어진 상황을 비관적으로 볼 수도 있고, 낙관적으로 볼 수도 있다. 나쁜 일 속에서도 좋은 일은 존재하고, 좋은 일 속에서도 나쁜 일은 존재한다. 그럴 때, 좋은 일에만 초점을 맞추도록 스스로를 훈련시킨다면, 좋은 일에 더 집중할 수 있다. 하지만 나쁜 일에만 초점을 맞추면, 결국 나쁜 일들을 더 많이 끌어당기게 된다.

인간의 생각도 철새나 물고기처럼 움직인다. 철새나 물고기는 귀소 본능을 가지고 있어서 본능에 따라 행동한다. 하지만 본능에 따라 움직이는 동물과 달리, 인간은 자신만의 패턴을 만들어 행동할 수 있다. 당신의 삶에는 어떤 패턴이 있는가? 당신은 스스로 자신의 패턴을 선택할 능력이 있다. 목적을 가지고 자신만의 삶의 패턴을 선택하라.

삶의 패턴 그리고 선택

- 나폴레온 힐

시인이자 사상가였던 에머슨은 이렇게 말했다. "구체적으로 행동하라. 그러면 능력을 얻게 될 것이다."

당신의 가장 훌륭한 자산은 아직 제대로 평가되지 않고 있을지 모른다. 그 자산은 당신이 원하는 상황이나 자리로 끌어올릴수 있으며, 누군가가 배신한다고 잃어버리거나 사라지는 것이아니다. 그 자산은 '위대한 자산'이라는 이름으로 불린다. 그 자산은 누구에게도 도전 받을 수 없는 권리로서 절대자가 인간에게만 선물한 것이다. 그리고 오직 당신만이 완성하고 사용할 수있는 유일한 자산이다.

그 위대한 자산은 당신이 마음의 주인이 되어 스스로 선택한목적을 향해 나아갈 수 있도록 부여한 특권이다. 그 자산을 현명하게 사용한다면, 당신은 큰 부를 얻을 수 있다. 하지만 그 자산을 받아들이지 않거나 현명하게 사용하지 못하면 혹독한 대가를치르게 될 수도 있다.

마음을 조절하고 통제함으로써 얻을 수 있는 풍요로움 중에는 재정적 안정, 건강, 마음의 평화, 친구와 사랑하는 이들의 애정, 높은 사회적 지위 등이 있다. 반면에 자기 마음을 통제하는 데 실패했을 때 받아들여야 하는 불이익으로는 가난, 질병, 두려움, 걱정, 멀어지는 친구들, 응답을 받지 못하는 기도 등이 있다.

마음은 당신이 살아가면서 꼭 필요한 선택을 할 때 사용하도록 주어진 것이다. 몸의 근육이나 몸속의 장기처럼, 마음을 주관하는 뇌 역시 사용하지 않으면 위축되고 시들어 버린다. 마음을 사용하는 가장 좋은 방법은 간절한 믿음을 통해 지혜의 원천과 대화를 나누며 직관력을 기르는 것이다.

행동하기 전에 간절한 믿음으로 갈구하면 마음의 힘은 점점 더 강해진다. 그러다 보면 자연스럽게 '무한 지성'과 대화를 나눌 수 있는 때가 온다. 공학자이자 발명가였던 찰스 P. 스테인메츠Charles P. Steinmetz는 "믿음의 힘이 수학 공식이나 물리학의 법칙처럼 과학적으로 밝혀질 날이 올 것"이라고 말했다. 다른 위대한 사상가들 또한 그와 같은 생각을 밝혔다.

* 출처 : 〈무한 성공Success Unlimited〉

3. 호감을 주는 행동

상대방에게 호감을 주는 개성은 당신과 다른 사람을 구별해 주는 정신적, 영적, 육체적 특성의 종합이다.

- 로레타 레빈Loretta Levin

성공의 사다리를 오르기 위해서 가장 먼저 갖춰야 하는 것은 다른 사람에게 호감을 주는 '개성'이다. 호감이 가는 개성을 개발하는 데 투자하는 시간은 현재와 미래의 자신에게 큰 도움이 된다. 당신이 아는 사람 중에 유쾌하고 진실한 성품을 가진 사람에 대해 생각해 보자. 슈퍼컴퓨터를 사도록 만들 수 있는 넉살 좋은 세일즈맨 이야기를 하려는 게 아니다. 항상 분위기를 밝게 만들고, 대화를 이끌어 내고, 당신의 기분을 더 좋게 만드는 사람, 열정을 이끌어 내고, 말로 표현할 수 없는 카리스마를 뿜어내는 사람의 이미지를 마음속으로 그려 보라. 그리고 그 사람이 가진 좋은 점들을 따라 하고, 결국에는 그 사람처럼 되겠다고 다짐하라.

다음 단계는 계획을 실천하는 것이다. 당신의 개성을 어떻게 발전시킬 수 있는지 생각해 보고, 한 번에 하나씩 좋은 특성들을 키워 보자. 예를 들어보겠다.

당신은 상대방의 말을 듣는 것보다 더 많이 말하는 편인가? 상대방이 말을 마치기도 전에 끊지는 않는가? 특별한 이유도 없이 다른 사람의 아이디어를 반대하는가? 사람들과 대화할 때 주의를 기울이지 않고 무시하는가? 사람들과 대화할 때 '부탁해요'나 '고마워요'라는 말을 자주 하는가? 늘 다른 사람에게 부탁만 하면서 정작 그들이 도움을 필요로 할 때는 외면하지 않는가?

만약 이렇게 행동한다면, 당신은 호감 가는 개성을 가진 사람이 아니다. 좋든 싫든 당신의 인상은 스스로 정하는 것이 아니라, 다른 사람의 평가로 이루어진다.

지금부터 호감을 주는 사람이 되기 위해 당신이 해야 할 두 가지 행동은 '미소를 짓고', '잘 경청하는' 것이다. 다른 사람들에게 미소와 함께 인사를 건네면 그들도 미소를 지어 줄 것이다. 이렇게 미소를 교환하면 두 사람 사이에 긍정적인 분위기가 조성되고, 좋은 생각을 하게 된다.

다음으로, 먼저 듣고 난 뒤에 말하는 것과 다른 사람의 말을 진심으로 들어주는 것 역시 중요하다. 그렇게 하면 다른 사람들은 늘 당신과 대화를 나누고 싶어 할 것이다. 더 중요한 것은 당신이 다른 사람의 말을 듣는 과정에서 무언가를 배울 수 있다는 점이다. 상대방에게 미소를 짓고, 상대방의 말을 경청하는 것은 결코 어렵거나 대단한 일이 아니다. 하지만 이 두 가지를 실천하면 당신에 대한 인상은 크게 바뀔 것이다.

오늘부터 이 두 가지 행동을 실천해 보자. 그러고 나서 오늘 하루를 돌아봤을 때 미소를 짓고 경청함으로써 긍정적인 변화가 일어났다면, 이 두 가지를 '성공을 위한 도구 상자'에 추가하라. 얼마 지나지 않아 당신은 주변 사람들로부터 호감을 얻는 밝고 친절한 사람으로 바뀔 것이다.

백만 달러짜리 성품

- 나폴레온 힐

개성은 상대방에게 무엇을 줄 것인지를 미리 보여주는 견본품과 같다. 또한 무슨 일을 하더라도 사람들과 원만하게 지내지 못하면 실패할 가능성이 매우 높아진다. 프랭클린 루즈벨트Franklin D. Roosevelt를 역사상 가장 성공한 정치인 중 한 사람으로 평가하는 이유는 그가 호감을 주는 성품을 지녔기 때문이라고 한다. 미국 최대의 철강 회사였던 베슬리헴 스틸Bethlehem Steel을 설립한 찰스 M. 슈왑Charles M. Schwab 역시 호감을 주는 개성이 있었기에 대기업 회장으로 성공할 수 있었다.

다음 행동 지침을 따르면, 당신도 '백만 달러짜리 성품'을 가질 수 있다.

- 모든 일에 긍정적인 자세로 임하고, 그 모습을 사람들과의 관계에서 보여줘라.
- 다른 사람이 먼저 친해지고 싶도록 만드는 유쾌한 말투를 연습하라.

- 다른 사람과 대화할 때는 관심을 가지고 들어주는 습관을 들여라. '나 혼자 말하는 행동'이 자존감을 채워 줄지는 몰라도 주변 사람들은 떠난다.
- 침착한 행동으로 사람들과 유연한 관계를 맺어라. 화가 났을 때 침묵하는 것이야 말로 그 어떤 말보다 무겁다는 것을 기억하라.
- 인내심을 키우면 인내심이 부족한 사람보다 우위에 설 수 있다.
- 모든 사람을 열린 마음으로 대하라. 닫힌 마음에는 좋은 기회가 깃들지 않고, 편협한 사람에게는 지혜가 쌓이지 않는다는 것은 인간 사회를 지배하는 진리다.
- 다른 사람들과 이야기할 때 미소를 지어라. 당신이 친근한 사람이라는 생각이 들 때 사람들은 마음을 연다.
- 눈치껏 말하고 행동하라. 옳은 말을 반드시 입 밖으로 꺼내야 하는 건 아니다.
- 결정은 최대한 신속히 하라. 미루는 행동은 나쁜 개성을 드러낼 뿐이다.
- 대가를 바라지 않고 다른 사람을 돕거나 칭찬할 수 있는 행동을 하루에 하나씩 실천하라. 당신 주변에 친구가 하나둘 늘어날 것이다.

* 출처 : 〈무한 성공Success Unlimited〉

4. 마음 관리자

관용은 사람이나 생각에 대해 성급한 판단을 내리지 않도록 하는 내 면의 관리자와 같다. 관용의 마음을 갖게 되면 다른 사람의 이로운 점 이나 아름다운 점, 배울 점을 놓치지 않는다.

- 마리 폴리Mary Foley

나폴레온 힐의 성공철학은 시간이 흘렀음에도 불구 하고 지금까지도 많은 사람들에게 영감을 주고 있다. 특히 당신 이 세상의 변화에 관심을 가지고 있다면, 관용에 대한 힐 박사 의 조언을 마음에 새겨야 한다. 나폴레온 힐의 조언에 따르면 변 화는 발전(성장)과 함께 온다. 변화와 함께 새 봄이 오고, 새롭게 성장하는 것이다.

변화에 앞서 개방적인 자세는 새로운 것을 배울 기회를 제공 한다. 다시 말해, 개방적인 자세가 변화의 기폭제로 작용하여 사 람들을 발전의 기회로 이끄는 것이다. 일상의 작은 변화들이 하 나로 모여 거대한 통찰력을 이끌어 내는 변화를 가져온다. 그래 서 개방적인 자세를 영혼의 진보에 비유하기도 한다. 그러나 중 요한 변화를 이루려면, 먼저 불신을 걷어 버려야 한다. 즉 새로 운 것들을 받아들일 수 있는 개방적인 자세가 필요한 것이다.

개방적인 자세를 가지려면 개인적인 믿음이나 가치, 관심사, 자세, 의견 등은 잠시 뒤로 밀어 두어야 한다. '진실'이라고 믿고 있는 것들을 잠시 밀어 둠으로써 새로운 아이디어를 받아들일 수 있게 된다.

예를 들어 옷을 사러 가면 옷을 입어 보고 살지 그냥 살지를 고민하게 된다. 마찬가지로 새로운 아이디어를 '입어 보는 것'은 그 아이디어를 '생각의 옷장'에 넣을지 말지를 고민할 때 도움이 된다. 만약 당신이 어떤 아이디어를 생각의 옷장에 넣어 두기로 했다면, 그 옷장에는 새로운 아이디어가 하나 더 늘어나게 된다. 반면에 '입어 본' 아이디어가 이미 생각의 옷장에 있는 것이라면, 당신은 그 아이디어를 생각의 옷장에 넣지 않을 것이다.

변화는 삶의 핵심이다. 변화는 당신이 앞으로 나아가도록 실천하게 만든다. 개방적인 자세는 당신으로 하여금 마음의 문을 열고 변화를 받아들이게 만든다. 개방적인 자세는 주변 사람들을 동료애로 이끌며, 다른 사람을 받아들이고 결합하도록 만든다.

자, 이제 당신은 새로운 기회를 맞이하면 자발적이고 개방적인 자세로 기회를 받아들일 것인가? 새 옷을 입어 보는 것처럼 새로운 기회를 탐험해 보자. 그리고 그 기회를 기꺼이 활용하자. 설령 얻는 것이 없더라도 탐험을 시도해 본 것만으로 큰 힘이 될 것이다. 다만, 맞지 않는 신발을 신을 필요가 없듯이 도움이 되지 않는 기회까지 활용하려고 고민할 필요는 없다. 이런 연습을

계속 하다 보면 완벽하게 새로운 기회를 탐험할 수 있게 될 것이
다. 위대한 철학자 에머슨은 우리를 위해 이런 말을 남겼다.

"자신의 믿음을 행동으로 실천하면 능력을 얻게 될 것이다."

철학자의 기도문

- 나폴레온 힐

모든 것을 열린 마음으로 대하여 정신적으로, 영적으로 나를 성장하게 하소서.

가장 낮은 자에게 배우게 하소서.

닫힌 마음은 좁은 마음이라는 것을 기억하게 하소서.

합리적이고 믿을 만한 지식에 기초한 의견이 아니라면 말하지 않게 하소서.

내 의견에 반대한다는 이유만으로 다른 사람에게서 결점을 찾지 않게 하소서.

이성의 힘이시여, 내 차례가 아닐 때 두서없이 말하지 않게 하소서.

내 의견에 동의하지 않는 이들에게 존경심을 나타내게 하소서.

내가 아무리 잘 아는 것일지라도 항상 부족하다는 것을 기억하게 하소서. 아무리 많은 지식을 습득할지라도 우쭐대지 않도록 하소서.

내가 모르는 것에 대해 질문을 받았을 때 모른다고 인정할 수 있는 용기를 주소서.

다른 사람을 돕기 위해 내 보잘 것 없는 지식이라도 나누도록 해 주소서.

지혜보다는 겸손한 마음이 더 많은 친구를 얻을 수 있다는 사실을 잊지 않게 하소서.

나를 유능한 학자인 척 자만하지 않게 해 주시고, 항상 진리를 찾는 학생으로 남게 해 주소서.

내게 주어진 가장 큰 특권은 솔선수범으로 관용을 보이는 것임을 기억하게 하소서.

저에게 훌륭한 책과 충실한 친구를 주시고, '희망'과 '믿음'과 '관용'이라는 단어를 잊지 않게 해 주소서.

* 출처 : 〈무한 성공Success Unlimited〉

5. 가장 가치 있는 일

> "독서는 내재된 잠재력과 '본성'을 가장 잘 이끌어 내는 활동이다." 이 말은 독서를 통해 목표를 세우고 끊임없이 나아간 덕분에 시골 소년에서 미국 대통령이 된 에이브러햄 링컨이 남긴 명언이다.
>
> *- 게일 브룩스Gail Brooks*

아무것도 하지 않고 자녀에게 책을 읽어 주기만 해도 엄청난 교육 효과를 얻을 수 있다. '리더Reader가 리더Leader가 된다.'는 말처럼 자녀를 인재로 키우기 위해서는 어렸을 때부터 책 읽는 습관을 심어 주어야 한다. 솔직히 말하면 나 역시 독서광이다. 그리고 나폴레온 힐 재단의 이사를 맡고 있는 돈 M. 그린 역시 독서광이다. 그는 침실용 스탠드에 여러 권의 책을 두고 동시에 몇 권씩 읽는다고 자랑한다. 내 남편은 우리 집이 국회 도서관을 통째로 옮겨 놓은 것 같다고 말하곤 한다.

나는 직업상 자기계발서를 좋아하지만, 그렇다고 해서 자기계발서만 읽는 건 아니다. 나는 다양한 장르의 책에 관심을 가지고 있다. 책을 좋아하는 내 습관은 어머니가 심어 주신 것이다. 내가 책 읽을 나이가 되기 전부터 어머니는 책이 얼마나 중요한지 늘 강조하시곤 했다.

얼마 전, 나폴레온 힐의 손자인 제임스 블레어 힐 박사가 내게 메일을 보내왔다. 그는 메일에서 힐 가문에 대해 연구하던 중 알게 된 교육 방법을 내게 알려 주었다.

힐 가문의 여성들은 자녀 교육에서 항상 중요한 역할을 했습니다. 아일랜드 출신의 내 어머니는 저에게 독서를 가르치셨죠. 아버지는 다섯 살이 되기도 전에 할머니에게서 독서를 배웠다고 합니다. 아마도 제 할아버지 나폴레온 힐은 증조할머니에게 배웠을 겁니다. 지난 주, 저는 아내 낸시가 딸에게 책 읽기를 가르치는 걸 보면서 같은 일이 여러 세대에 걸쳐 이어지고 있음을 깨달았습니다. 저는 아빠로서 아이들에게 보호자, 부양자, 규칙을 정하는 사람, 그리고 윤리를 가르치는 역할을 하고 있습니다. 하지만 아이들을 실질적으로 교육하는 사람은 제 아내 낸시입니다.

나는 메일을 읽고 이렇게 답장을 보냈다.

힐 가문의 역사를 더듬어 보고 미래 세대에 도움이 될 수 있는 점을 발견하셨군요. 내 어머니 역시 저에게 책 읽는 법을 가르치셨습니다. 초등학교 1학년이던 저는 굉장히 게으른 아이였고, 그런 저에게 어머니는 굉장히 많은 책을 읽어 주셨습니다. 스스로는 책을 읽지 않았지요. 어머니께서 책을 읽어 주는 시간은 제가 가장 좋아하는 시간이었습니다. 하지만 학교 선생님께서는 제가 책을 읽지 못하기 때문에 낙제시키겠다고 하셨어요. 그때 어머니는 이렇게 말씀하셨어요.

"우리 아이가 책을 읽지 못한다니 무슨 말씀이세요? 우리는 항상 같이 책을 읽는 걸요!"

그 일이 있은 후, 어머니는 스스로 책을 읽지 않는 저를 꾸짖으셨어요. 그러시곤 이렇게 말씀하셨어요.

"앞으로 네가 제일 좋아하는 책을 읽어 줄 테니, 내가 한 페이지를 읽으면 너도 따라 읽어야 한다."

어머니의 말씀은 저를 수동적으로 듣는 아이가 아니라, 적극적으로 읽는 아이로 만들었습니다. 어머니는 오래 전에 돌아가셨지만, 항상 제 마음속에 계십니다. 어머니는 현명하셨어요. 학위와 경험이 있는 교사들보다 더 현명하셨지요. 힐 가문의 여성들처럼, 제 어머니 역시 자녀 교육의 비결을 알고 계셨어요. 그 덕분에 당신과 나는 달라졌고요. 안 그런가요?

저는 스스로 책을 읽지 않는 1학년 꼬마가 아니라 독서 지도자로 성장했고, 교육 행정 관련 자격증은 물론 여러 학위를 가진 사람으로 성장했지요. 그리고 가장 좋은 교사는 학생을 억지로 가르치는 것이 아니라, 학생들과 친하게 지내야 한다는 것도 알게 되었죠. 현명한 교사는 아이의 배우고자 하는 마음을 끌어내 행동으로 옮기게 할 줄 알아야 해요. 다른 가정에서도 이 점을 깨닫고 아이들의 잠재력을 끌어내기 위해 이 마법을 사용했으면 좋겠어요. 아내 분께서 자녀들을 잘 가르치고 계신 것 같습니다. 축하드

려요.

좋은 책은 좋은 삶으로 인도하는 좋은 생각들을 이끌어 낸다.
독서의 기회를 버리지 말자. 독서를 하지 않고 전문가들과 일대일
로 대화를 나눌 수 있는 기회가 얼마나 있겠는가? 독서는 지구상
에서 가장 가치 있는 일이며, 책을 통해서 지혜와 지식을 얻을 수
있다.

잠재력과 본성 깨우기

- 나폴레온 힐

자녀의 성공과 실패가 부모에게 달려 있다는 것을 알고 있는가? 물론 자녀가 받는 학교 교육 역시 중요하지만, 부모에게서 받는 영향이야말로 아이들의 성공에서 가장 중요한 역할을 한다. 자녀가 인생을 살면서 성공과 행복을 찾도록 하려면, 반드시 가르쳐야 할 세 가지 원칙이 있다.

첫 번째 원칙은 '명확한 목표 설정'이다. 부모는 아이가 어릴 때부터 목표를 분명하게 정하는 습관을 길러 주어야 한다.

얼마 전, 나는 어린 아들을 둔 친구 집을 방문한 적이 있다. 그 집 아이는 조립식 장난감으로 뭔가를 만들려고 했지만 계속 실패하고 있었다. 결국 아이가 울음을 터뜨리자, 이해심 많은 어머니가 다가가서 무엇을 만들고 싶으냐고 물었다. 아이는 훌쩍이며 대답했다.

"모르겠어요. 그냥 서 있는 걸 만들고 싶어요."

이 말을 들은 아이 어머니가 말했다.

"만들기 전에 먼저 무엇을 만들고 싶은지 알아야 한단다. 그리고 계획을 세워야 해. 자, 네가 무엇을 만들고 싶은지 시작해 볼까."

아이 어머니가 조립식 장난감으로 만들 수 있는 것을 몇 가지 알려 주자, 아이는 그중에서 작은 집을 선택해서 열심히 만들기 시작했다. 그 모습을 지켜보던 아이 아버지가 말했다.

"그렇게 하면 시간과 노력이 더 많이 들지만, 완성하고 나면 무척이나 자랑스러울 거야."

그 집에서 나오려고 할 즈음, 아이가 내 손을 잡고 환호성을 지르며 무너지지 않는 장난감 집을 보라고 자랑했다. 그러면서 의기양양해서 소리쳤다.

"그냥 조립하는 것보다 이게 훨씬 좋았어요!"

내 차로 돌아가는 길에 아이 아버지가 동행을 했다. 그는 작은 가게 점원에서 시작해 대형 체인점 임원이 된 사람이다. 그는 명확한 목표를 세운 뒤 10년이 지나기 전에 부사장 자리에 오를 수 있었다. 그는 자신감 넘치는 투로 내게 말했다.

"이제 알겠지! 자신이 원하는 것을 아는 게 얼마나 가치 있는 일인지 말일세. 내가 아이에게 가르치려고 노력하는 이유는 바로 이것이라네."

어린 자녀가 기관사나 괴짜, 혹은 영화배우가 되고 싶어 한다고 해도 자신이 선택한 길에서 성공할 수 있다는 믿음을 심어 주어야 한다. 그리고 구체적이고 분명한 삶의 목적을 가지고 결정을 내릴 수 있도록 지혜롭게 도와주어야 한다.

두 번째 원칙은 '최선을 다하는' 습관을 길러 주는 것이다. 부모는 자녀에게 꼭 해야 할 일 이상의 것을 하는 습관을 가르쳐야 한다. 각 분야에서 큰 성공을 거둔 사람들은 모두 이 원칙을 철저히 따랐다. 이 습관을 익혀 두면 재정적 안정과 함께 좋은 성품을 기르게 되어 많은 친구를 얻게 된다.

비숙련 노동자의 아들인 조와 피터는 옆집에 살았다. 둘의 부모는 교육을 제대로 받지 못했지만, 조의 부모는 현명하게도 최선을 다하는 습관의 가치를 알아보고 아들이 그런 습관을 기를 수 있도록 도왔다. 반면에, 피터의 부모는 노력하지 않고 얻을 수 있는 것들을 아들에게 가르쳤고, 피터는 그 가르침을 금방 익혔다. 조의 아버지는 공장에서 감독 자리로 승진했다. 그리고 얼마 지나지 않아 자신이 할 수 있는 일보다 더 많이 일하는 습관 덕분에 부사장 자리까지 오를 수 있었다. 조의 아버지는 자신이 그랬던 것처럼, 최선을 다하는 습관을 아들에게도 심어 주었다.

조는 초등학교에서 고등학교까지 항상 너그러운 학생으로 알려져 있었다. 조는 과외 활동에 넉넉히 시간을 쏟았고, 자신이 가진 것들을 스스럼없이 나누어 주었다. 친구들과 선생님들이 좋아하는 사람이 되려고 노력했으며, 긍정적인 마음으로 최선을 다하는 습관은 자신에게도 큰 즐거움이 되었다.

하지만 피터는 늘 최소한으로 생각하고 행동했다. 게다가 성적도 형편없었고, 선생님과 친구들과도 잘 지내지 못했다. 왜 운동을 하지 않느냐는 말에 피터는 이렇게 대답하곤 했다.

"운동한다고 돈이 나오는 건 아니니까."

피터는 이런 자세를 누구에게 배웠을까? 공장에서 늘 '노예처럼' 일한다고 불평하거나, 학교 시스템에 대해 불평하고, 모든 것에 불평하는 아버지에게서 배웠을 것이다.

고등학교에서 좋은 성적을 받은 조는 장학금을 받고 유명 대학에 입학했다. 그리고 대학에서도 최선을 다하는 습관 덕분에 늘 칭찬을 받았다. 조는 "이걸 하면 나에게 뭐가 이득이죠?"라고 묻지 않았다. 그 대신에 이렇게 물었다.

"이걸 하면 남을 도울 수 있나요?"

피터는 '남을 위해서라면 뭐든지 하는 일벌레'라고 조를 비꼬았다. 하지만 조는 대학에서도 좋은 성적을 받았고, 졸업 후 좋은 직장에 취직했다. 조는 여전히 최선을 다하는 습관을 실천하며 살고 있다. 그 덕분에 같이 일을 시작한 두 명의 또래 사원을 제치고 두 번이나 승진했다.

피터는 어떤 인생을 살고 있을까? 피터는 고등학교를 졸업하자마자 하찮은 직장을 얻었고, 늘 조가 운이 좋다고 투덜거릴 뿐이었다. 조가 남에게 베풀려고 노력했기에 늘어나는 소득의 법칙이 그의 편에서 움직이기 시작했고, 결과적으로 더 나은 삶을 살게 되었다는 사실을 피터는 모르고 있었다. 또한 피터의 부모 역시 아들이 성공하지 못하는 원인이 자신들에게 있음을 깨닫지 못했다.

세 번째 원칙은 '긍정적인 자세'를 길러 주는 것이다. 부모는 자녀에게 '할 수 없는 일들이 아닌, 할 수 있는 일들을 생각해 보는 습관'을 길러 주어야 한다. 자동차왕 헨리 포드는 기업이 가장 필요로 하는 사람은 "할 수 없어요!"라고 말하지 않는 사람이라고 했다.

두 소녀 낸시와 조앤이 재미 삼아 대학교 1학년 수업에서 하는 연극에 지원해 보기로 마음먹었다. 낸시가 부모에게 자신의 결심을 이야기했을 때, 부모는 열광적으로 딸을 응원하며 잘 해보라고 격려했다. 하지만 조앤이 부모에게 같은 이야기를 했을 때, 부모는 부정적인 반응을 보였다.

"왜 그런 일에 시간을 낭비하니? 게다가 네 목소리는 너무 높아. 또 추운 강당에서 시간을 많이 보내면 감기에 걸릴 거야. 넌 대사도 못 외울 것이고, 결국 실수해서 창피를 당할 게 뻔해."

꿈 많은 소녀 조앤은 시작하기도 전에 실패를 경험해야 했다. 부모가 시도해 보지도 않고 포기하는 자세를 심어 주었기 때문이다.

낸시는 연극에 지원했지만 배역을 받지 못했다. 그러나 매사에 긍정적이었던 부모는 낸시가 배역을 받지 못한 일에서조차 긍정적인 면을 찾아 주었다. 낸시의 어머니는 "대신에 4H 콘테스트 출품 작품을 만들 시간이 늘어났잖니!"라고 말하며 낸시를 위로했다. 덕분에 낸시는 4H 콘테스트에서 2등을 차지할 수 있었다. 결국 침착하고 얌전한 아내이자 어머니가 된 낸시는 어여쁜 두 딸에게 긍정적인 자세를 가르치고 있다.

그러나 조앤은 배역을 받지 못한 것은 물론이고 시도조차 하지 않았다. 한번은 부모의 반대를 극복하고 수영 클럽에 지원했지만 실패하고 말았다. 당연한 반응이지만 부모로부터 "내가 뭐랬니!"라는 핀잔을 들어야 했다. 결국 조앤은 자기중심적이고 내성적인 사람으로 성장했다. 현재 조앤은 부정적인 태도 때문에 우울증에 걸렸고, 자신의 고통을 치유해 줄 묘약을 찾아다니며 돈과 시간을 쓰고 있다.

부모가 질병, 가난, 실패와 같은 부정적인 면에 대해서만 생각하고 이야기한다면, 자녀는 그 마음 상태를 물려받게 된다. 그런 자녀들은 결국 실패에 발목이 잡혀 넘어지고 만다. 건강과 풍요로움, 성공에 대해 생각하고 행동하고 말하라. 그렇게 하는 것이야말로 자녀에게 성공의 디딤돌을 놓아 주는 일이다.

* 출처 : 〈무한 성공Success Unlimited〉

6. 세상이 나를 등지더라도

믿음을 갖는 것은 쉽지 않다. 인생을 살면서 믿음을 실천하는 것은 더욱 어렵다. 하지만 세상에는 믿음의 실천을 보여주는 롤 모델들이 많다.

- 리비 길Libby Gill

믿음은 눈에 보이지 않는 긍정적인 결과를 기대하는 정신적인 용기이며, 자신이 믿고 있는 것들이 실제로 이루어진다고 확신하는 마음이다. 설령 시련이 있을지라도 자신이 걷고 있는 길이 옳은 길이며, 그 길이 자신을 최종 목적지로 인도할 것이라는 확신을 의심하지 않는 마음이 믿음이다. 믿음은 이 세상에 위대한 절대자가 존재하며, 개인의 힘보다 위대한 절대자의 능력이 훨씬 더 크다는 것을 인정하는 마음이다. 그리고 그 위대한 절대자가 자신을 보듬어 줄 만큼 관심을 가지고 있다고 확신하는 마음이 믿음이다.

그러나 실천하지 않는 믿음은 소용이 없다. 나폴레온 힐은 '실천하지 않는 믿음은 죽은 것'이라고 했는데, 이는 실천의 중요성을 강조한 말이다. 실천하는 믿음은 성공의 수레바퀴를 돌리는 기폭제이자, 행동과 실천을 수월하게 하는 윤활유와 같다. 또한 믿음은 자기 분야에서 최선을 다할 수 있도록 하며, 어려움을 극복하고 앞으로 나아갈 수 있게 한다. 믿음이 발에 용수철을 달아 주는 건 아니지만, 적어도 스스로 문밖으로 나설 수 있도록 해 준다.

나는 반대되는 의견을 표현하려고 할 때, 시인 에드거 게스트 Edgar A. Guest가 쓴 「세상이 나를 등졌다The World is Against Me」라는 시를 되뇌곤 한다. 이 시를 읽으면서 믿음의 부족이 성공으로 향하는 여정에 어떤 악영향을 미치는지 생각해 보자.

세상이 나를 등졌다

그가 한숨을 쉬며 말했다.
"세상이 나를 등졌다네.
내가 뭔가를 하려고 하면 누군가 그걸 막아서고,
세상은 나를 끌어내리려 한다네.
나는 기회조차 얻지 못했다네.
이 세상이 얼마나 불공평한가!
나는 말로 표현할 수 없을 정도로 가난하다네.
세상이 나를 끌어내리려고 작정한 게 분명하다네."

내가 그에게 물었다.
"에이브러햄 링컨은 어떤가?

링컨이 지금의 당신보다 부유했다고 말할 수 있는가?

그는 자네처럼 명성을 날릴 기회도 없었고, 미래는 어두웠지.

하지만 그는 암담할 때조차 용기를 잃지 않고 목표에 매달렸고,

결국에는 정상에 올랐다네.

세상이 그를 등졌다고 할 수 있는가?"

그에게 다시 물었다.

"벤자민 프랭클린은 또 어떤가?

그는 굶주린 채로 잠든 적이 많았다네.

그는 용기 말고는 아무것도 가진 것이 없었다네.

하지만 그는 인내하고 노력하며 때를 기다렸지.

그는 가난에 시달렸지만 결국에는 정상에 올랐다네.

세상이 그를 등졌다고 할 수 있는가?

인내하며 성공하려고 애쓰는 가난한 소년들도 있다네.

자네만큼만 가졌더라면 좋았을 거라고 생각하는 소년들 말이네.

자네가 세상을 비난할 때, 그들은 성공하려고 애를 쓴다네.

이제 다시 묻겠네. 세상이 그들을 등졌다고 할 수 있는가?"

'당신은 믿음을 가지고 있는가?'

'당신은 두려워하고 있는가?'

당신은 두 질문 중에서 어떤 자세를 받아들일지 결정해야 한
다. 잘 생각해서 질문에 대답해 보라.

믿음을 실천하는 마음가짐

- 나폴레온 힐

믿음은 무한 지성으로 이끌고 통하게 하는 길이다.

믿음은 목표, 욕구, 계획이 물질적·재정적 형태로 해석되어 나타나는 '영혼의 주요 동기'라고 불리는 마음의 상태다.

믿음을 실천하는 데 필요한 요소들은 다음과 같다.

- 실행 또는 주도적으로 밀고 나가는 명확한 목표
- 질투나 증오, 두려움 같은 부정적인 요소들에 빠지지 않는 긍정적인 자세
- 믿음에 근거한 용기를 발산하는 사람들과의 마스터 마인드 (Master mind : 완벽한 조화의 정신으로, 두 사람 이상의 마음의 결합과 연대를 통해 생겨난 마음의 상태) 동맹, 목표를 이루는 데 정신적·영적으로 필요한 사람들
- 모든 시련에는 상응하는 보상이 있고, 일시적인 실패는 영원한 실패가 아니라는 점을 기억하는 자세
- 매일 우리가 받고 있는 축복에 대해 감사를 나타내는 습관

믿음을 실천하는 마음가짐을 기르기 위해 다음 지침들을 따라 해 보라.

1. 자신이 무엇을 원하는지를 확실히 이해하고, 그것을 얻기 위해 어떤 대가를 치를 것인지 결정하라.
2. 자기 암시의 대상을 정하고 그것을 성취한 자신의 모습을 상상해 보라.
3. 마음을 열고 내면에서 들려오는 소리에 귀를 기울여라. 어느 순간 직감이 오면 자신이 찾아 헤매던 답이 아닌지 주의 깊게 살펴라.
4. 실패에 직면했을 때, 자신의 믿음이 시험을 받는다고 생각하라. 그리고 더 노력하라는 뜻으로 실패를 받아들여라.

'맹목적인' 믿음은 세상에 존재하지 않는다. 실천하는 믿음이 주는 혜택을 누리기 전에 명확한 목표와 야망을 가져야 한다. 무조건 믿는다고 자신이 원하는 것을 가져다주지 않는다. 믿음은 자신이 원하는 것을 찾기 위해 어느 방향으로 가야 하는지를 보여준다. 믿음은 '무한 지성'과 대화를 하고, 그에게 도움을 얻을 수 있도록 돕는 관문과도 같다. 따라서 믿음을 가질 때에만 간절한 희망이 실제로 이루어진다.

* 출처 : 〈무한 성공Success Unlimited〉

7. 나는 하지 않겠습니다!

나는 두 가지 좋은 특성을 가지고 있다. 하나는 성실한 업무 자세이고, 다른 하나는 어떤 상황에서도 잘 적응하는 능력, 즉 '융통성'이다. 나폴레온 힐은 융통성을 '빠르게 변화하는 상황에서도 평정심을 잃거나 분노하지 않고 잘 적응하는 능력'이라고 정의했다.
- 짐 코넬리Jim Connelly

대학에서 영문학을 전공할 때, 허먼 멜빌Herman Melville 이 쓴 〈필경사 바틀비Bartleby the Scrivener〉라는 단편소설을 읽은 적이 있다. 멜빌은 〈모비 딕Moby Dick〉을 발표한 후 이 작품을 썼는데, 작품 속 주인공 바틀비는 조금 특이한 남자다. 법률사무소에서 문서 작성자로 일하던 그는, 어느 날 일감이 주어졌지만 "나는 하지 않겠습니다."라고 대답한다. 시간이 지나자, 그는 마치 주문처럼 이 대답을 입에 달고 살게 된다. 그의 대답은 모두를 당혹스럽게 만들었고, 사람들은 바틀비가 왜 그런 행동을 하는지 어떻게든 이해하려고 했다. 하지만 안타깝게도 상황은 더욱 나빠졌고, 결국 그는 죽음을 선택한다.

이야기의 말미에서, 독자들은 바틀비가 어째서 '하지 않겠다'는 선택을 했는지에 대해 생각하게 된다. 선택을 하지 않는 것이 그의 마음속에 일종의 안전망 같은 뭔가를 만든 것일까? 아니면 주어진 선택을 거부했을 때, 일종의 자주성을 발휘한다는 만족감을 준 것일까? 그 대답은 알 수 없지만, 어쨌든 이야기의 끝에서 바틀비는 패배자가 되었고, 그의 결정력 부족은 자신을 세상에서 지워 버렸다.

유연한 자세에는 여러 가지 장점이 따르는데, 특히 의사 결정을 할 때 창조적인 관점으로 판단할 수 있도록 해 준다. 우주가 인간에게 선물한 것들에 마음을 열면 더 많은 것을 받을 수 있다. '주는 것은 곧 받는 것'이라는 말처럼 우리는 주기 위해 받고, 받기 위해 준다. 씨앗을 심으면 싹이 자라 더 많은 씨앗을 수확할 수 있듯이 우리 삶도 마찬가지다. 만약 우리가 이러한 과정을 무시한다면, 성장은 멈추고 말 것이다. 유연한 태도를 유지하면 젊음과 함께 성장할 수 있지만, 유연함을 버리거나 억누른다면 자신이 처한 상황은 더욱 악화될 것이다.

융통성을 발휘하는 유연한 사람이 되자. 두려워하지 말고 새로운 일을 시도하면서 모험을 즐겨 보자. 자신에게 다가오는 역경과 도전을 기꺼이 받아들이자. 그렇게 했을 때 우주가, 절대자가 무엇을 선물하는지 확인해 보라. 그렇게 한다면, 동화책에 나오는 것처럼 요정을 만나 마법의 램프라도 받게 될지 누가 알겠는가? 혹시 무지개 끝에 있는 황금 단지를 얻게 될지도 모른다.

자신이 간절히 원하는 것은 두려워하지 않고 도전했을 때에만 이루어질 수 있다는 점을 기억하자.

유연한 자세
- 나폴레온 힐

철강왕 앤드류 카네기Andrew Carnegie는 사람을 잘 알아보는 탁월한 능력을 가지고 있었다. 그는 자신의 그런 능력으로 많은 사람들을 성공의 길로 이끄는 역할을 했다.

카네기는 중요한 자리에 앉힐 사람을 고용할 때 충성심과 신뢰성, 유연한 자세를 발휘할 수 있는 감각, 맡은 일을 잘 수행하는 능력을 가지고 있는지 살펴보았다고 한다. 그는 아무리 뛰어난 능력의 소유자라도 충성스럽지 않거나, 신뢰할 수 없고, 유연한 자세를 가지고 있지 않으면 중요한 자리에 고용하지 않았다. 카네기는 '유연한 자세'에 대해 이렇게 말했다.

"유연한 자세는 어떤 상황에서도 평정심을 잃지 않고 분노하지 않으면서 잘 적응하는 능력이다."

카네기는 화학 분야 책임자를 고용할 때 직접 경험한 사례를 통해 유연한 자세의 중요성을 설명한 적이 있다. 한때 카네기는 가장 뛰어난 화학자를 채용하기 위해 인사 담당자를 독일로 보내 적임자를 찾도록 지시했다고 한다.

그 결과 '크루프'라는 총기 제작사 직원 중에서 적임자를 찾아낼 수 있었다. 카네기는 그에게 5년 근무 계약서와 고액의 연봉을 제시하고 미국으로 데려왔다. 그를 책임자로 임명하고 한 달이 지난 후, 그를 채용한 것이 명백한 실수였다는 사실이 드러나기 시작했다. 그는 화학자들 중에서는 가장 뛰어난 능력을 가졌지만, 융통성이 없고 고집스러워서 다른 사람들과 조화를 이루지 못했던 것이다. 결국 카네기는 계약 기간 5년이 종료되자 그를 해고해 버렸다. 회사 경영진 중 한 사람은 이 일을 두고 '값비싼 대가를 치른 경험'이었다고 말했다. 그러자 카네기는 이렇게 말했다.

"맞습니다. 하지만 그를 해고하지 않았더라면 더 큰 대가를 치러야 했을 겁니다."

그 일이 있은 후, 카네기는 핵심 인재를 뽑을 때 반드시 사람의 성격과 성품을 살펴봤다고 한다.

실패하는 사람들을 분석해 보면 사람들과 조화를 이루지 못하는 성격이 주요 원인이라는 것을 알 수 있고, 유연한 자세와 융통성은 그런 약점을 고칠 수 있도록 해 준다. 개성이나 정신적 자세는 사람마다 다르기 때문에 똑같을 수 없다. 성공한 사람들은 이 점을 염두에 두고 자기 기준에 맞춰 다른 사람의 자세를 바꾸려 들지 않는다. 그 대신 다른 사람과의 갈등을 피하기 위해 그들의 자세에 맞춰 자신의 자세를 잠깐 동안 바꾼다.

우리에게는 들을 수 있는 귀와 말할 수 있는 입이 있다. 하지만 마음에 안 드는 말을 들을 때마다 입을 열 필요는 없다. 때로는 침묵이 가장 강력한 무기이기 때문이다. 현명한 사람은 언쟁을 좋아하는 사람을 만나거나 불쾌한 사람과 대면할 때 침묵하는 방법을 유용하게 사용한다.

프랭클린 루즈벨트는 내가 아는 사람 중에 가장 유연하고 융통성이 뛰어난 사람이다. 그는 모든 유형의 사람들을 쉽고 편하게 상대하는 방법을 잘 알고 있었다. 유연한 자세야말로 루즈벨트가 지녔던 가장 큰 강점이며, 백악관을 거친 여러 대통령들 중에서 그를 가장 성공한 정치가로 평가하는 부분이다.

루즈벨트의 연설 자문으로 일할 때, 사자처럼 으르렁대며 루즈벨트를 만나러 왔다가 순한 양처럼 온순해져서 나오는 사람들을 수도 없이 목격했다. 한번은 전도유망한 은행가가 대통령을 만나러 온 적이 있었다. 백악관 직원이 너무 오래 기다리게 한 나머지, 그는 몹시 화가 나 있었다. 그 은행가는 자리에 앉기도 전에 불만을 터뜨리며 이렇게 말했다.

"내 시간도 소중합니다. 내겐 낭비할 시간이 없단 말이요."

그러자 루즈벨트는 백만 달러짜리 미소를 지으며 말했다.

"당신의 기분을 잘 알겠소. 내 시간 또한 중요하기에 사람들을 바보 취급하고 말았소."

은행가는 웃으며 대통령에게 사과했다. 그러고는 "대통령의 유연한 자세를 살 수만 있다면 백만 달러라도 지불하겠습니다."라고 말했다. 루즈벨트의 유연한 자세를 살 수만 있었다면 은행

가는 기꺼이 백만 달러를 지불했을 것이다.

불쾌한 일을 가라앉힐 유연한 자세를 잃지 않으면 괴로운 일이 생기더라도 고통 받지 않고 하루를 보낼 수 있다. 유쾌한 성격을 형성하는 데는 30여 가지 이상의 특성이 필요한데, 그중에 유연한 자세는 반드시 포함된다. 유연한 자세를 유지할 수 있어야만 다양한 상황에서 여러 유형의 사람들과 조화를 이룰 수 있기 때문이다.

성공철학을 연구하며 지낸 20여 년 동안, 유연한 자세가 얼마나 중요한지를 너무나 많이 경험했다. 때로는 금전적인 필요에 순응하는데도 필요했고, 성공철학을 완성하기 위해 500명 이상의 위대한 사업가들을 만나서 설득하는 과정에서도 필요했다.

유연한 자세는 어려운 상황을 극복해내는 열쇠와 같다. 모든 시련은 '합당한 보상으로' 돌아온다는 우주의 법칙을 기억한다면, 아무리 어려운 상황이라도 유연한 자세를 가질 수 있다.

현실에서 시련에 직면했을 때도 유연한 자세로 대응하면 융통성을 발휘할지 말지를 결정할 수 있다. 즉 유연한 자세로 상황을 바라보면 두려움과 자책, 불안과 분노에 빠져서 평정심을 잃지 않을 수 있는 것이다. 그렇게 되면 냉정한 시각으로 '시련이 가져다주는 유익함'에 초점을 맞출 수 있다.

1929년에 대공황이 시작되었을 때, 나는 유연한 자세를 유지하기 위해 책을 집필하기 시작했다. 책을 어떻게 출판할 것인지는 정해지지 않았지만, 유연한 자세를 잃지 않으려고 의연하게 집필을 계속했다. 반면에 내 친구 중 세 명은 다른 방식으로 상황에 대처하려고 했다. 한 친구는 고층 빌딩에서 뛰어내렸고, 또 한 친구는 권총으로 자살했으며, 나머지 한 친구는 환각제 복용으로 문제를 해결하려고 했다. 대공황으로 인해 내가 감당해야 했던 재정적 손실 또한 그들과 다르지 않았지만, 나에게는 그들이 가지고 있지 않은 '유연한 자세'라는 중요한 자산이 있었다.

이때의 경험에서 배운 교훈은 내 마음속에 축복으로 남아 있다. 나는 '무한 지성'과 연결되어 있고, 신성한 힘의 근원으로부터 안내 받는다는 확고한 믿음을 유지하는 한, 물질적 손해는 중요하지 않다는 사실도 깨달았다. 이 경험을 통해 아무리 어려운 상황에서도 유연한 자세를 실천할 수 있었다. 또한 도저히 극복할 수 없을 것 같은 시련이 닥칠지라도 유연한 자세로 대처하면 시련을 축복으로 바꿀 수 있다는 믿음도 생겨났다. 지혜로운 절대자는 얻을 것 없는 시련은 주지 않기 때문이다.

유연한 자세는 마음에 품고 믿는 것은 무엇이든 성취할 수 있다는 사실을 깨닫게 한다. 또한 시간이 모든 절망을 치유할 수 있는 가장 좋은 묘약이라는 지혜를 배울 수 있게 하고, 시련을 겪을 때조차 신체적, 정신적 힘을 기를 수 있다는 용기를 준다.

* 출처 : 〈무한 성공Success Unlimited〉

8. 시련 앞에서

> 그는 군대에서 행진할 때 들었던 "머리를 들고, 어깨를 뒤로 하고, 가슴
> 을 펴고, 배를 집어넣고 군인이라는 걸 기억하며 걸어라. 너의 키가 180
> 센티미터라면 181센티미터인 것처럼 행진하라."는 말을 떠올렸다. 그는
> 고작 자동차 뒤 칸에서 살고 있었지만, 군대에서의 기억을 떠올려 자신
> 감을 갖고 걷기 시작했다. 그 후로 그는 말을 더듬는 습관이 사라졌다.
> 자신감이 얼마나 많은 것을 가져다 줄 수 있는지 참으로 오묘하다.
>
> - 마이클 존슨Michael Johnson

시간을 시험하는 것은 인간의 영혼을 시험하는 것과
같다. 누군가의 도움 없이 살아간다는 것은 인간을 불안정한 상
태로 만들고, 시련 앞에서 약해지게 만든다. 나폴레온 힐과 칼럼
니스트 마이클 존슨도 그런 시련을 경험했다. 그러나 중요한 것
은 그들이 시련을 승리로 바꾸었다는 점이다. 이런 명언을 들어
보았는가?

'강한 사람만이 시련을 헤쳐 나간다.'

이 명언은 나폴레온 힐이 말한 '자신감의 법칙'을 떠올리게 한
다. 어려운 상황을 좋은 방향으로 돌리려면 긍정적인 마음가짐
으로 행동해야 한다.

고지서, 인간관계, 업무 환경, 주거 환경, 그리고 날씨는 때때

로 동화 속 체셔 고양이의 표정조차 엉뚱하게 만들곤 한다. 하지만 그럴 때 찌푸린 표정을 풀어 보라. 이것이 상황을 반전시키는 첫 번째 단계다. 절대로 포기하지 말고, 패배를 받아들여서도 안 된다. 경쟁에서 승리하는 사람들은 다른 사람들이 '포기하는 사람'이라는 딱지를 붙이도록 내버려 두지 않기 때문에, 인생에서 패배하지 않는다. 승자들은 확고한 신념을 가지고 인생의 목표를 이루기 위해 끊임없이 노력하며, 온갖 시련과 역경에도 포기하지 않고 끝까지 '인생'이라는 길을 완주한다.

다음에 소개하는 나폴레온 힐의 자신감 향상법을 읽어 보자. 옆에 노트를 펼쳐 두고 메모하면서 읽자. 이 방법 중에서 자신에게 필요한 부분을 발견하면 메모해 두자. 글을 다 읽고 나면 당신이 왜 아직도 승자의 길에 들어서지 못했는지를 알게 될 것이다. 방법을 이해했다면 자신에게 적용해 보자. 그렇게 하면 당신은 더 유능한 사람으로 거듭나게 될 것이다.

자신감 키우기

- 나폴레온 힐

'자신을 과소평가하는 것은 창조자에게 부끄러운 일이다.'

이 문장에 담긴 진실을 깨닫지 못했다면, 다음 지침을 읽고 하나씩 실천해 보자.

- 명확한 목표를 세우고 그것을 이루기 위해 지금 당장 시작하라.
- 명확한 목표에 따르는 혜택이 무엇인지 글로 써 보고, 매일 마음속으로 암송하면서 목표를 이루겠다고 다짐하라.
- 목표가 물질을 얻는 것이라면, 이미 소유한 것들을 의식적으로 떠올려 보라.
- 가능한 한 당신을 이해하고, 당신의 목표에 공감하는 사람들과 자주 어울려라. 그들이 당신을 격려하고 믿음을 줄 것이다.
- 명확한 목표를 이루기 위해 매일 적어도 한 가지씩 행동하라. 행동하지 않으면 그 어떤 일도 이룰 수 없다.
- 성공한 사람 한 명을 선택해서 당신의 '페이스메이커'로 삼아라. 그 사람의 성공을 따라잡겠다는 일념을 가지고, 그 사람의

성공을 뛰어넘겠다고 다짐하라.

- 시련에 직면하거나, 장애물이 앞을 가로막아도 포기하지 말고 더욱 힘을 내서 앞으로 나아가라.
- 시련과 역경 앞에서 도망치는 습관을 버려라. 피하고 싶은 그 상황을 목표 달성의 영감을 얻는 순간으로 바꾸는 방법을 배워라.
- 사랑과 증오는 공존할 수 없다. 증오는 사랑이 멀어지게 하는 반면, 사랑은 사람들을 기쁘게 하고 증오를 떨쳐낸다.
- 원하는 것을 얻기 위해서는 대가를 치러야 한다.

위의 지침을 마음에 새긴다면 누구든 자신감을 얻을 수 있다. 좌우명을 '끈기'로 삼아 보는 건 어떤가?

자신감이 부족한 나머지 자신을 과소평가한다면, 이는 창조자에 대한 은혜를 저버리는 것이다. 창조자는 당신에게 스스로 운명을 정하고 개척할 수 있는 특권을 주었다. 이 점을 반드시 기억해야 한다.

* 출처 : 〈무한 성공Success Unlimited〉

9. 하루 5분 정신 건강

오늘의 경제 상황은 '기회'라는 신호를 보내고 있다. 지금이야말로 우리의 미래를 위해, 미래 세대와 학생들을 위해 투자할 때다.
- 프랭크 프레이 박사Dr. Frank Frey

당신의 긍정적인 자세를 점수로 매긴다면 몇 점일까? 1점을 최하로, 5점을 최고로 했을 때 자신에게 몇 점을 줄 수 있는가? 매일 5분만 시간을 내어 이 점수를 확인한다면, 자신의 믿음을 되새기기 위한 '정신 건강'을 관리할 수 있다. 우리는 매일 몸을 씻고, 머리를 감고, 양치질을 하면서 위생을 청결히 하지만 정작 '정신 건강'을 소홀히 하는 경향이 있다.

내가 아는 사람 중에는 나폴레온 힐의 '자신감 공식'을 모두 외우고 있을 뿐만 아니라, 욕실 거울에 붙여 놓고 매일 암송하며 긍정적인 자세를 연습하는 사람도 있다. 아침은 동기 부여를 위한 긍정적인 생각들이 마음속에 스며들도록 하는데 좋은 시간이다. 긍정적인 자세로 시작하는 아침은 하루 종일 긍정적인 결과들을 가져온다. 반면에 괴롭고 걱정스러운 일들을 생각하며 시작하는 아침은 하루 종일 걱정과 근심에 시달리게 한다. 아침을 어떻게 시작하느냐에 따라 하루의 성과가 결정된다. 자신에게 주어진 하루를 부정적으로 채색할 수도 있고, 긍정적으로 채색할 수도 있다는 점을 기억하자.

그렇다면 성공을 이루어내는 데 긍정적인 자세가 왜 그토록 중요한 것일까? 긍정적인 자세는 성격을 개방적이고 수용적으로 만들며, 더 나아가 '무한 지성'으로부터 응답을 받을 수 있도록 돕는다. 또한 성공에 대한 긍정적 기대는 절대자로 하여금 적시에 성공으로 인도하도록 해 준다. 물론 절대자는 당신 스스로 원하는 것을 이루기 위해 적절한 행동을 취할 때만 돕는다. 그 점을 기억하라.

생각이 어떻게 현실이 되고, 감성적인 생각이 어떻게 원하는 것을 빨리 이룰 수 있게 하는지에 대해 생각해 보자. 당신이 무언가를 간절히 원하던 때를 떠올려 보라. 그리고 적절한 행동이 긍정적인 마음가짐과 좋은 태도를 계속 유지할 수 있도록 어떻게 뒷받침해 주었는지 떠올려 보라. 원하는 것을 이루는 법칙을 알게 되면 원하는 목적을 훨씬 더 쉽게 이루어 낼 수 있다. 이것은 거창한 비밀이 아니다. 긍정적인 자세와 반드시 실천하겠다는 의지, 그리고 끊임없는 노력으로 이루어진 간단한 성공 법칙일 뿐이다. 당신이 이 법칙을 따른다면 이루고자 하는 성과를 얻을 것이다.

긍정의 힘

- 나폴레온 힐

'정신 자세는 말보다 강하다.'

긍정적인 자세는 성공 비결 중에서 가장 중요한 요소이며, 마법과도 같은 '믿음의 힘'을 선사한다.

발명가 에디슨은 1만 번이나 실패했지만 완벽한 백열전구를 만들 수 있다고 굳게 믿었기에 결국에는 성공했다.

발명가 마르코니Marconi는 숱한 실패를 겪었지만 에테르가 와이어 없이도 소리의 진동을 따라 이동할 수 있다고 굳게 믿었다.

콜럼버스는 선원들의 반대에도 불구하고 미지의 땅을 향해 나아가고 또 나아간다면 신대륙을 찾을 수 있을 거라고 굳게 믿었다.

성악가 슈만하잉크Schuman-Heink는 선생님으로부터 재봉틀 앞으로 돌아가 재봉사로 만족하고 살라는 충고를 들었지만, 성악가가 될 수 있다는 믿음을 버리지 않고 자신의 꿈을 이루었다.

헬렌 켈러는 목소리, 청각, 시각을 모두 잃었지만 말을 배울 수 있다고 굳게 믿었기에 전 세계의 고통 받는 사람들에게 큰 영감을 주었다.

헨리 포드는 많은 사람들의 비난에도 굴하지 않고 값싼 자동차를 만들 수 있다고 굳게 믿었고, 결국 그가 만든 자동차는 전 세계를 뒤덮게 되었다.

앤드류 카네기는 다른 성공한 사람들과 자기 자신의 노하우를 바탕으로 성공철학을 만들 수 있다고 굳게 믿었다. 결국 그의 믿음은 내게 전해졌고, 〈PMA 성공의 과학Science of Success〉 잡지를 통해 전 세계 수많은 사람들에게 큰 도움을 주었다.

위대한 자본주의 시스템은 국가의 정부 시스템과 경제 시스템이 옳다고 굳게 믿은 사람들의 산물이다. '믿음을 가진 사람들'은 문명을 선도하고, 산업을 창조하고, 창조자가 선사한 풍요로운 선물들을 누릴 줄 아는 사람들이다.

* 출처 : 〈무한 성공Success Unlimited〉

10. 협력의 힘

대화는 춤과 같아서 우리는 이끌리고, 따라가고, 주고받으며, 듣고,
말하고, 창조하고, 받아들인다.

- 니우르카Niurka

퍼듀 대학교에 있는 '나폴레온 힐 세계교육센터'는 매년 5월 첫째 주와 둘째 주에 행사를 연다. 행사 기간에 열리는 프로그램에는 누구나 참여할 수 있다. 행사 기간 중에는 다양한 이벤트가 열리는데, 모든 이벤트는 팀워크 형식으로만 참여할 수 있다. 올해의 주제는 나폴레온 힐의 가르침을 실천하는 유명 작가, 음악가를 비롯한 예술가들이었으며, 예상했던 대로 많은 사람들이 참여했다.

참여한 작가 중에는 앤디 비엔코우스키Andy Bienkowski, 마리 에이커스Mary Akers, 리치 위노그래드Rich Winograd, 크리스티나 치아Christina Chia도 있었다. 또한 피아니스트 안토니오 카스틸로 데 라 갈라Antonio Castillo de la Gala와 플루이스트 마이클 테라파리Michael Telapary, 디제리두(피리와 유사한 호주 원주민의 목관 악기) 연주가인 샘 보이스 목사도 참여했다. 그 외에도 프린트 디자인 예술가 마이클 테라파리와 치노 마르티네즈Chino Martinez가 참여했다.

행사 기간 중 화요일 저녁에 열릴 자선 콘서트 수익금은 모두 총장 장학금으로 기부될 예정이며, 이어서 안토니오, 마이클, 샘이 참여하는 콘서트가 열릴 것이다. 또한 인근 지역 고등학교 밴드와 함께 디제리두를 연주하는 행사가 열릴 예정이다. 마지막 행사로는 거슈인Gershwin의 작품들을 주제로 한 새 뮤지컬 〈크레이지 포 유Crazy for you〉를 관람하는 현장 학습으로 모든 행사를 마치게 된다.

이 외에도 다양한 무료 강연들이 열릴 예정이며, 힐 박사가 완성한 성공철학에 대해 더 알아 볼 수 있는 이벤트와 클레멘트 스톤 도서관을 방문하는 기회도 제공된다.

이 행사를 개최하는 목적은 힐 박사의 성공철학을 더 많은 사람에게 알려서 그들이 더 나은 삶을 살 수 있도록 돕는 데 있다.

이타적 마음가짐
- 나폴레온 힐

"조화롭게 협동한다면, 당신은 주는 것보다 더 많은 것을 받게 될 것이다."

사랑과 우정처럼 협력은 먼저 주어야만 얻게 되는 것이다. 행복으로 향하는 길에는 수많은 여행자들이 있다. 우리는 그들의 도움이 필요하고, 그들 역시 우리의 도움이 필요하다. 우리 뒤에 오는 다음 세대 또한 마찬가지다. 그들의 운명은 우리가 그들에게 남긴 것들에 달려 있다. 우리는 우리 세대를 포함해서 아직 태어나지 않은 세대들을 위해 다리를 놓는 '다리 건설자'가 되어야 한다. 따라서 우리는 다음 이야기에 나오는 노인의 마음가짐으로 미래 세대를 위해 다리를 놓아야 한다.

춥고 어슴푸레한 저녁,
순례하는 노인이 깊고 넓은 강으로 왔다.
황혼의 어슴푸레한 빛 아래에서 노인은 강을 건넜다.
노인은 음침한 강물도 두렵지 않았다.

노인은 반대편에 도달해 몸을 돌려 물살을 가로지르는 다리를 놓았다.

동료 순례자가 외쳤다.

"노인이여! 다시는 이 강을 건너지 않을 텐데, 왜 다리를 놓나요?"

그러자 백발의 노인이 말했다.

"친구여, 내가 걸어온 이 길에는 강을 건너야 하는 젊은이가 하나 있다네. 이 사나운 강물은 전도유망한 그 젊은이를 어려움에 빠뜨릴지 모른다네. 나는 그를 위해 다리를 놓는다네."

이타적인 협력 정신은 우리 세대는 물론, 다음 세대에도 큰 도움을 준다. 우리는 미래 세대를 위한 '다리 건설자'로서 협력을 통해서만 삶을 더 나은 방향으로 이끌 수 있다는 것을 기억해야 한다. 개인의 이익을 위해 이 철학을 이용할 때, 다음 세대에 빚을 지고 있다는 점을 잊지 말고 그들을 위해 다리를 놓자.

* 출처 : 〈PMA 성공의 과학PMA Science of Success〉

11. 너는 잘 해낼 거야!

교사는 학생이 준비되었을 때만 그 역할을 다 할 수 있다.
- 글로리아 벨렌데즈-라미레즈Gloria Belendez-Ramirez

고등학교에서 영어 교사로 재직할 때, 아래 문구가 적힌 커피 잔을 학부모로부터 선물 받은 적이 있다.

하루하루는 새로운 시작, 새로운 기회다.

자신에 대해 더 알아 가고,

남을 더 많이 돌보고,

더 많이 웃고,

기대했던 것보다 더 많이 이루고,

더 나은 사람이 될 기회다.

이 컵에 얽힌 이야기가 있다. 그 이야기 덕분에 이 컵은 내가 교사로 일하면서 받은 가장 가치 있는 선물이 되었다. 이 작은 컵을 특별하게 만든 건 선물 그 자체가 아니라 컵에 얽힌 이야기다.

컵을 선물한 학부모는 내가 근무하는 학교 구내식당에서 일하는 분이었다. 하지만 그녀의 이름을 몰랐기 때문에, 그녀가 내 학생의 어머니라는 사실도 모르고 있었다.

어느 날, 학교 식당에 줄을 서 있던 나는 한 학생을 칭찬했다. 그 학생은 마이클이었는데, 졸업을 위해 여름 학기 동안 내 수업을 재수강하면서 매우 훌륭하게 과제를 수행했다. 예전에, 마이클의 재능과 결단력을 의심한 적이 있었다. 아마도 그때는 동기 부여를 받지 못했던 것 같았다. 그래서 마이클을 만날 때마다 "너는 할 수 있어. 잘 해낼 거야."라고 칭찬해 주었다. 그 후로 마이클은 분명한 목표를 가지고 다른 학생들보다도 더 열심히 학교 생활을 하고 있다.

나는 계속해서 동료 교사들에게 마이클을 칭찬했다. 동료 교사들도 마이클이 잘 되기를 바라는 마음으로 즐겁게 내 이야기를 들어주었다. 사실 그때, 몇 주 전에 상담 교사가 마이클은 반에서 문제만 일으키는 학생이라고 경고했던 점이 조금 마음에 걸리긴 했다. 그렇지만 상담 교사의 말과는 달리, 마이클은 학습에 잘 참여했고 수업에 기여하는 바가 큰 학생이었다. 솔직히 말해서 마이클이 내 교실에 있어서 매우 기뻤다. 그리고 상담 교사의 경고가 현실로 일어나지 않아서 기쁘기도 했다. 마이클이 성실하게 수업에 참여해 주어서 얼마나 마음이 놓였는지 모른다.

식당 계산대 앞에 섰을 때, 돈을 받는 아주머니가 내게 인사를 건넸다.

"고맙습니다."

나는 그 말이 내가 낸 점심 값에 대한 감사의 말이 아니라는 걸 눈치 채고 다시 물었다.

"무슨 말씀이시죠?"

그러자 그녀가 나를 바라보며 말했다.

"마이클이 제 아들이랍니다. 그리고 선생님께서는 제 아이에게 처음으로 칭찬을 해 주신 분이세요."

나는 깜짝 놀라며 마이클의 어머니라는 사실을 전혀 몰랐다고 말했다. 그리고 더듬거리며 마이클이 반에서 매우 우수하며, 전혀 문제를 일으키지도 않고 좋은 성적을 받고 있다고 말해 주었다. 또한 마이클이 여름 학기 과제를 훌륭하게 수행해서 좋은 성적을 받았다는 사실도 알려 주었다. 그녀는 내 이야기를 들으면서 매우 자랑스러워하는 표정을 지었다.

내가 마이클의 칭찬을 마치자, 그녀는 마이클이 잘 할 거라는 기대를 받고 있기 때문에 더 잘하는 것 같다고 말했다. 그동안 다른 교사들은 마이클에 대해 별 기대를 하지 않았고, 그로 인해 마이클은 반에서 문제를 일으키거나 무기력하게 아무것도 하지 않는 쪽을 택했다고 한다.

그날, 나는 내 학생과 학부모에게서 많은 것을 배웠다. 마이클의 어머니는 긍정적인 기대가 긍정적인 결과를 가져온다는 것을 알고 있었다. 그로부터 얼마 후, 그녀는 내게 '새로운 하루는 모두에게 새로운 시작'이라는 문구가 적힌 작은 커피 잔을 선물로 주었다. 뭐든지 쉽게 버리는 이 세상에서 다른 사람들이 무심코 쓰레기라고 생각하고 버리는 보석 같은 귀중한 재능을 알아차리고 칭찬하는 것은 매우 중요하다. 그렇게 찾아낸 것들은 보석 같은 재능을 발굴해 낸 사람의 마음속에도, 또 재능을 찾아서 갈고 닦는 사람의 마음속에도 영원히 남을 것이다.

이런 이유 때문에 커피 잔을 소중히 간직하고 있다. 내 학생으로부터 배운 이 교훈을 결코 잊지 않을 것이다. 숨겨진 재능들이 하나둘씩 발굴된다면, 이 세상은 훨씬 더 좋은 곳으로 바뀔 것이라고 믿어 의심치 않는다.

소망과 믿음의 차이

- 나폴레온 힐

대부분의 사람들은 소망과 믿음의 차이를 구분하지 못한다. 뿐만 아니라 원하는 것을 이루기 위해 마음의 힘을 사용할 때는 여섯 가지 지침을 따라야 한다는 것도 잘 모른다. 마음의 힘을 사용하는 여섯 가지 지침은 다음과 같다.

1. 대부분의 사람들은 막연히 소망하면서 인생을 보낸다. 소망하는 단계에서 멈추는 사람들은 약 70퍼센트 정도다.

2. 70퍼센트 이하의 사람들은 소망하는 것에서 더 나아가 간절히 원하는 것으로 발전시킨다. 약 10퍼센트의 사람들만이 그렇게 한다.

3. 10퍼센트 이하의 사람들은 간절히 원하는 것에서 더 나아가 실제로 이루고자 하는 희망으로 발전시킨다. 약 8퍼센트의 사람들만이 그렇게 한다.

4. 8퍼센트 이하의 사람들은 희망을 믿음으로 발전시키는 단계에 도달한다. 약 6퍼센트의 사람들만이 그렇게 하는 방법

을 안다.

5. 6퍼센트 이하의 사람들은 소망과 희망을 믿음과 신념, 그리고 신뢰로 발전시킨다. 약 4퍼센트의 사람들만이 그렇게 한다.

6. 4퍼센트 이하의 사람들만이 계획과 실천을 통해 믿음을 행동으로 옮긴다. 이렇게 하는 사람들은 약 2퍼센트 정도다.

사회 각 방면의 뛰어난 리더들은 마지막 여섯 번째 단계에 도달한 사람들이다. 그들은 마음의 힘을 믿고, 그 힘을 이용해서 자신이 원하는 목표를 이루는 방법을 알고 있다. 이 사람들에게 불가능이란 없다. 이들이 원하고 필요로 하는 모든 것들은 현실이 된다. 패배를 운명으로 받아들이고 마는 수많은 사람들과 이들의 차이는 무엇일까?

마지막 단계에 도달한 사람들이 그렇지 않은 대부분의 사람들과 구별되는 가장 큰 차이는 '마음의 힘'을 인식한다는 것, 그리고 원하는 것을 얻기 위해 그 힘을 이용한다는 점이다.

* 출처 : 〈PMA 성공의 과학PMA Science of Success〉

12. 신은 언제나 선하다

사람들을 결속시키는 힘은 당신을 맹목적으로 만들 수도 있다. 항상 다정하고 낙관적인 자세를 유지하되, 가까운 사람들을 대할 때 경계심을 늦추지 마라.

- 엘리 에셀 알퍼스테인Eliezer A. Alperstein

성공의 사다리를 오르다 보면 느슨한 발판을 한두 개 정도 밟게 되는 상황이 일어난다. 이 순간에 우리는 발을 헛디딜 수도 있고, 넘어지지 않게 균형을 잡을 수도 있다. 우리는 반드시 둘 중 하나를 선택해야 한다. 인생 또한 마찬가지다. 때로는 모든 일이 좋은 쪽으로만 흘러가지만, 때로는 우리를 실망하게 만드는 일들이 예고 없이 찾아오기도 한다. 이런 일들은 힘든 출퇴근길처럼 아무것도 아닌 일일 수도 있고, 가족의 죽음처럼 인생을 바꾸는 커다란 일일 수도 있다. 이런 일들은 우리에게 절망을 안겨주고, 더 나아가 생활에 큰 영향을 미친다. 이런 변화들이 일어날 때, 어떻게 하면 다시 일어나 성공의 사다리를 올라갈 수 있을까?

나폴레온 힐은 '낙관적인 자세'를 유지함으로써 시련을 극복할 수 있다고 믿었다. 낙관적인 자세는 우리가 시련에 직면했을 때

가진 것들을 잃지 않고 다시 일어설 수 있도록 하는 훌륭한 자산이다. 낙관적인 자세를 통해 우리는 절망적인 시기에도 성공을 향해 앞으로 계속 나아갈 수 있다. 성공한 기업가 클레멘트 스톤은 "신神은 언제나 선하다."라고 말한 적이 있다. 그는 두 명의 자녀를 잃었을 때도 자신에게 왜 이런 일이 일어나게 했느냐며 신을 원망하지 않았다. 오히려 그는 신의 자비로움과 선함에 대해 생각하면서 신은 아무런 악의도 없다는 사실을 굳게 믿었다. 스톤의 이런 자세와 굳건한 믿음은 낙관적인 자세가 얼마나 중요한지를 보여준다.

어려운 시기에도 밝은 면을 보려고 하는 인간의 의지는 나약한 자세가 아니다. 오히려 어려운 때에도 좋은 면을 보고자 하는 자세는 낙관론의 가치를 높인다. 좋은 것을 기대하면 좋은 일만 찾아다니게 된다. 반면에 나쁜 것을 생각하면 나쁜 일만 만나게 된다.

생각도 습관이다. 당신은 긍정적으로 생각하는 습관을 가졌는가? 아니면 부정적으로 생각하는 습관을 가졌는가? 당신의 생각 습관은 버려야 할 것인가, 길러야 할 것인가? 다른 습관을 선택하듯, 우리는 생각 습관도 선택할 수 있다. 그리고 그 선택이 자신의 운명을 결정한다. '나는 미래를 어떻게 생각하는가?'라고 자신에게 물어보라. 오직 당신만이 이 질문에 대답할 수 있다. 인생을 카드 게임에 비유하자면, 오직 본인만이 패를 유리하게 뒤집을 수도, 불리하게 뒤집을 수도 있는 것이다.

믿음과 긍정적인 자세

- 나폴레온 힐

실패에 대처하는 정신 자세는 우리가 '인생'이라는 강에서 성공의 흐름을 탈 것인지, 아니면 불행의 흐름을 타고 실패에 쓸려 내려갈 것인지를 결정짓는다.

실패와 성공을 가르는 요소는 너무나 작아서 우리는 종종 이것을 놓치곤 한다. 그 요소는 바로 일시적인 실패에 대처하는 정신 자세다. 긍정적인 자세를 가진 사람은 일시적인 실패를 받아들이지 않고 굳건하게 다시 일어선다. 하지만 부정적인 자세를 가진 사람은 희망을 잃고 쉽게 실패를 받아들이고 만다.

신이 주신 법칙을 어기거나 인간의 권리를 침해하지 않는 한, 긍정적인 자세를 가진 사람은 마음에 품은 것을 늘 성공시킨다. 이런 사람들은 많은 실패를 겪어도 절대로 굴복하지 않는다. 오히려 그들은 실패를 더 멀리 나아갈 디딤돌로 삼아 이루고자 하는 일을 반드시 이룬다.

긍정적인 자세는 너무나 중요해서 모든 성공 법칙 중에서 첫 번째 자리를 차지하고 있을 뿐만 아니라, 유쾌한 성품을 만드는 비결에도 포함되어 있다. 또한 긍정적인 자세는 여러 가지 다양한 삶의 법칙에도 포함되어 있다.

긍정적인 자세는 모든 문제를 해결하는 열쇠와도 같다. 긍정적인 자세에는 마법 같은 힘이 있어서 자석이 쇳가루를 잡아당기듯 성공을 끌어들일 뿐만 아니라, 실패를 성공의 자산으로 바꾼다. 이 법칙은 인간의 손에 의해 만들어진 것이 아니다. 이 법칙은 '믿음'이라는 힘에 의지했을 때만 얻을 수 있는 특권이자, 인간이 헤아릴 수 없는 자연이 만들어 낸 법칙이다.

믿음과 긍정적인 자세는 늘 함께 가는 마음의 자산이다. 믿음이 가는 곳에는 긍정적인 자세도 함께 가며, 긍정적인 자세가 가는 곳에는 믿음도 함께 가는 떼어놓을 수 없는 관계다. 믿음은 과학적으로 설명할 수 없는 힘이지만, 인간에게 주어진 힘 중에서 가장 위대한 힘이다.

믿음과 긍정적인 자세의 가장 놀라운 점은, 이 특성들이 낮은 자에게나 높은 자에게나 동등하게 무료로 제공된다는 것이다. 이 사실을 기억한다면 우리는 성공과 행복을 향해서 계속 나아갈 수 있다.

* 출처 : 〈PMA 성공의 과학PMA Science of Success〉

13. 대지의 미소는 꽃으로 피어난다

나는 매년 이때쯤이면 '대지의 미소는 꽃으로 피어난
다.'는 에머슨의 명언을 떠올린다. 이 얼마나 아름다운 봄의 심
상인가! 이 시기에 땅이 되살아나는 것을 보고 있자면, 얼어붙었
던 겨울이 지난 뒤 어디서 이렇게 아름다운 봄이 오는지 궁금해
진다. 영국 시인 딜런 토마스Dylan Thomas는 자신의 초기 작품에서
'겨우내 죽은 것처럼 보이던 땅이 아름다움을 되찾는 건 영적인
힘 덕분'이라고 하면서 그 힘을 '푸른 도화선 속으로 꽃을 몰아가
는 힘'이라고 표현했다. 이 힘은 나폴레온 힐이 계속해서 언급하
는 '무한 지성'임이 틀림없다. 이 힘은 땅을 창조했듯 인간을 창
조한 힘이기도 하다. 우리는 자연으로부터 동떨어진 존재가 아
니라, 자연의 일부임을 늘 기억하자.

한 사람의 인간으로서 우리가 원하는 바를 이룰 방법을 생각
할 때, 나폴레온 힐이 말한 것처럼 '우리 목표는 항상 자연의 법

칙과 조화를 이루어야 한다'는 것을 기억하자. 나폴레온 힐은 '인간은 무한 지성이 창조한 자연 법칙의 일부'임을 늘 언급했다. 성공하려면 우주의 질서가 창조한 매뉴얼을 따라야 한다. 다시 말해, 성공하기 위해서는 자연의 법칙과 조화를 이루어야 하는 것이다. 나폴레온 힐은 이렇게 말했다.

"자연은 비밀을 밝히고자 하는 자에게 가장 심오한 비밀을 넘겨준다."

그의 말은 우주의 비밀을 밝혀내기 위해 끈질기게 노력하는 것이 얼마나 중요한지를 알려 준다. 또한 이 명언은 인간을 창조한 힘에 대해 다시 생각해 볼 기회를 준다. 다시 말해, 우리가 뭔가를 이루고자 노력할 때는 반드시 우주의 자연 법칙을 따라야만 성공할 수 있다는 것이다.

꽃을 움트게 하는 창조적 힘과 자연 법칙에 부합하는 목표를 설정함으로써 우리는 자연의 질서 안에서 일한다. 하지만 어떤 사람들은 자신은 예외라고 생각하며 이 조화를 깨뜨린다. 그런 이들의 목표는 실패하기 마련이고, 그들의 노력은 결실을 맺지 못한다. 우주가 정해 둔 길을 따르지 않았기 때문이다.

실행 가능한 목표를 세우고, 또 성취하는 법을 배울 때 그것을 인생의 목적이나 재능과 조화시킨다면 일이 더 쉬워진다는 점을 기억하자. 우리가 가진 기본적인 기술과 능력 중에 개인적으로 성장시키고 싶은 분야를 먼저 살펴보라. 시작하기 전에 모든 것을 다 준비하라는 것이 아니라, 성공할 수 있는 기본적인 기술과 능력을 가지고 있는지 돌아보라는 것이다. 그리고 나서 긍정적인 자세로 강한 믿음을 가지고 목표를 이룰 수 있도록 끈질기게 노력하라. 이렇게 한다면 목표의 토대를 세울 수 있다.

자기 암시의 힘
- 나폴레온 힐

생물이든 무생물이든, 모든 것은 세포핵에서 탄생한다. 이 회전하는 에너지는 현미경으로 살펴보기도 어려울 만큼 작지만, 생명을 유지하고 성장시키기 위해 필요한 모든 것을 끌어들이는 힘을 가지고 있다.

도토리와 한 줌의 흙을 생각해 보자. 도토리 안에 있는 세포핵은 흙, 공기, 물, 햇빛의 도움을 받아 결국 떡갈나무로 성장한다. 또한 옥수수와 밀 씨앗을 생각해 보자. 씨앗을 땅에 심고 나면 그곳은 옥수숫대와 밀이 성장할 수 있는 모든 화학적 성분들을 끌어당기는 활동의 중심지가 된다. 그리고 그 작물은 자라서 성장 법칙과 소득 법칙에 따라 스스로 씨앗을 생산한다.

이러한 비유들은 자기 암시를 통한 마음의 힘이 얼마나 강력한지를 보여준다. 무의식에 희망의 씨앗을 심으면, 의식은 감정 자극을 통해 이 씨앗에 물을 주고 영양분을 공급한다. 그 다음으로 '믿음'이라는 햇빛을 받아 이 씨앗은 싹을 틔우고, '무한 지성'으로부터 오는 생명력을 끌어당긴다. 그 결과 우리가 원하는 희망은 실체화 되어 현실로 이루어지게 된다.

이러한 '인력의 법칙'은 씨앗에 들어 있는 생명력에서 오는 성장 법칙을 따른다. 모든 씨앗은 훌륭한 식물로 자랄 수 있는 잠재력을 가지고 있다. 마찬가지로 모든 희망은 현실로 이루어질 수 있는 잠재력을 가지고 있다. 씨앗이 싹을 틔우고 작물로 잘 자라나려면, 비옥한 땅에 심어져 영양분과 햇빛을 충분히 공급 받아야 한다. 마찬가지로 우리의 희망도 현실로 이루어지려면 '믿음'이라는 영양분과 '무한 지성'으로부터 오는 햇빛이 필요하다.

인간의 무의식은 비옥한 땅과 같아서, 우리는 그곳에 '명확한 목표'라는 씨앗을 심게 된다. 그리고 우리는 '명확한 목표'라는 씨앗에 생명력을 불어넣어 자라도록 한다. 이는 '계획'에 의한 지속적인 실천과 무의식으로의 반복된 명령을 통해 씨앗에 영양분을 공급하여 자라게 하는 것과 같다.

이제 우리는 목표를 성취하기 위해 '무한 지성'으로부터 오는 생명력을 끌어당겨 사용하는 법도 배웠다. 자, 우리 앞에 이 모든 과정이 기다리고 있다. 수많은 생명의 형태로 우리 주변에서 일어나고 있다. 이는 단순한 이론이 아니라 입증된 사실이다. 명확한 목표를 이루기 위해 이 과정을 적용해 보자.

* 출처 : 〈PMA 성공의 과학PMA Science of Success〉

14. 생각의 씨앗

마음이 어수선할 때도 우리는 세워 둔 목표 때문에 단호하게 행동하며 나아갈 수 있다. 그것이 바로 존재의 힘이다.

- 샘 보이스Sam Boys

집중의 힘은 우리에게 무한한 가능성을 제공한다. 우리는 미래로 향하는 문턱을 넘어서 계속 걸어가야만 그 가능성을 누릴 수 있다. 단지 뭔가를 기대하고 마음속에 그려 보는 것만으로는 미래를 향해 걸어가려는 노력을 대신할 수 없다.

우리는 하루 종일 생각하는 것들을 끌어당긴다. 이 일은 무슨 마법 같은 것이 아니라 노력, 자기 수양, 냉정한 판단, 주의력 조절, 그리고 체계적인 노력으로 이루어진다. 계속 노력하면 창조적인 비전을 키우고, 행동의 결과를 생각할 수 있게 된다.

생각과 결과가 연속선상에 있다고 생각해 보라. 연속선상의 한쪽 끝에는 생각의 씨앗들이 있고, 다른 쪽 끝에는 그 씨앗이 자라서 실체화 된 결과들이 있는 것이다.

나는 창조적인 생각을 결과물로 만들어 낸 사람을 여러 명 만난 적이 있다. 최근에도 비전을 통해 꿈을 이룬 사람을 만났다. 샘 보이스 목사는 내 앞에서 인터넷 서점 아마존Amazon 화면을 띄워 자신이 저술한 책을 보여준 적이 있는데, 그 모습은 잊을 수 없는 소중한 기억으로 남아 있다. 책을 집필하는 것이야말로 그가 간절히 바라던 일이었기 때문이다.

예전에 그에게 디제리두 연주에 관한 책을 써 보는 게 어떻겠느냐고 권유하며 격려한 적이 있는데, 결국 그가 해낸 것이다. 그는 생각의 씨앗을 행동에 옮기기로 결정했기 때문에 대단한 성과를 거둘 수 있었다. 샘 보이스는 나폴레온 힐 세계교육센터 개방일인 5월 5일과 6일에 관객을 위한 공연을 선보일 것이다. 꿈을 현실로 이루어 낸 그의 노력에 찬사를 보낸다.

센터 행사에 공연자로 참여하는 예술가 마이클 테라파리와 피아니스트 안토니오 카스틸로 데 라 갈라 역시 생각의 씨앗을 현실로 이루어 낸 사람들이다. 마이클은 나폴레온 힐의 열일곱 가지 성공 법칙을 멋진 이미지로 표현해냈고, 안토니오 역시 열일곱 가지 성공 법칙을 음악으로 표현한 피아노곡을 작곡했다. 그리고 내 비서인 치노 마르티네즈는 자신의 경험을 사진으로 표현한 앨범을 출간했다. 이 모든 일들이 생각의 씨앗에서 시작된 결실들이다.

그런데 이들 작가와 예술가들이 우리와 무슨 관련이 있을까? "한 사람이 할 수 있다면 모두가 할 수 있다."라고 나폴레온 힐이 말한 것처럼, 모든 방면에서 우리와 관련이 있다. 샘, 마이클, 안토니오, 치노는 도전을 받아들였고 놀라운 성과를 이루어 냈다. 그들처럼 우리도 할 수 있다.

당신의 꿈은 무엇인가? 당신의 마음을 잡아끄는 영감은 무엇인가? 당신으로 하여금 창조적인 상상의 나래를 펼치게 하는 것은 무엇인가? 그것이야말로 당신의 도전이자 당신의 미래다. 나폴레온 힐이 말했듯이, 그 생각의 씨앗을 행동으로 즉시 옮기자.

생각의 씨앗은 우주가 당신에게 선사하는 귀중한 선물이다. 그 선물을 열어서 세상에 보여주지 않겠는가? 당신의 꿈이 당신을 기다리고 있다. 또한 온 세상이 당신의 꿈을 맞이하기 위해 기다리고 있다.

주의력 조절과 생각의 힘

- 나폴레온 힐

우리는 목표에 집중함으로써 목표를 좀 더 명확하게 볼 수 있다. 또한 목표에 집중하면 무의식은 목표를 인식하고 행동하게 된다. 이 과정이 '주의력 조절'이다.

주의력 조절은 목표를 이루기 위해 마음의 모든 장치와 힘을 조절하는 힘을 말하며, 엄격한 자기 수행을 통해서만 이루어진다. 주의력을 조절하지 않으면 우리의 주의력은 흥미 위주의 나태하고 의미 없는 것들로 향하게 된다. 따라서 주의력 조절이야말로 생각의 힘을 올바르게 제대로 사용하는 비결이다. 주의력 조절의 힘을 기르는 데는 다음 여섯 가지 요소가 도움이 된다.

1. 명확한 목표 : 명확한 목표는 모든 성취의 출발점이다.
2. 상상력 : 목표를 마음속에 분명하게 그려서 기억하라.
3. 바라는 것 : 그 누구도 부인할 수 없는 불타는 갈망으로 만들어라.
4. 목적이 이루어질 것이라는 믿음 : 강한 믿음을 바탕으로 목적을 이루었을 때의 모습을 그려 보라.

5. 의지의 힘 : 의지의 힘은 자신의 믿음을 받쳐 준다.
6. 무의식 : 무의식은 앞의 다섯 가지 요소들에 의해 전달된 그림을 얻는다. 그리고 목적의 본질에 따라 여러 가지 실용적인 수단을 이용해서 우리를 이성적인 결론으로 이끈다.

효과적인 집중, 즉 주의력 조절은 우리가 할 수 있는 한 최대로 주의력을 조절하면서 명확한 목표를 향해 나아가야만 이룰수 있다. 주의력 조절이야말로 자기 수행에서 가장 높은 단계라고 할 수 있다. 그리고 모든 성공의 원칙은 주의력 조절 원칙과함께 이루어져야 한다. 앞서 다루었던 골든 룰의 원칙들을 익혔다면, 이제부터는 마음의 힘을 본격적으로 이용하여 실패하지 않겠다는 강한 믿음과 함께 원하는 목적을 향해 나아갈 준비가된 것이다.

원하는 목표의 본질은 누구나 쉽게 알 수 있는 것이 아니다. 창조자는 모든 사람에게 생각을 조절하고 스스로 선택한 목표를 향해 나아갈 수 있는 특권을 선사해 주었다. 그러므로 우리는 이성과 상식에 기초하여 목표의 본질을 스스로 깨달아야 한다.

주의력 조절은 마음의 힘을 효과적으로 조절하는 비결 중의하나다. 주의력 조절은 인간이 필요한 모든 것을 제공하는 '무한지성'과 연결되어 있고, 무한 지성을 이용할 수 있는 과학적인 방법이다. 우리는 수많은 상황에서 주의력 조절을 통해 성공한 사람들을 보아 왔기 때문에, 이 점을 의심할 필요가 없다.

주의력 조절은 마음의 힘을 조절하는 효과적인 수단이다. 뿐만 아니라 주의력 조절을 간절히 원하는 믿음에 적용하면 모든 힘의 원천을 사용할 수 있는 기회를 얻을 수 있다.

* 출처 : 〈PMA 성공의 과학PMA Science of Success〉

15. 마음의 정원

좋은 생각과 행동은 나쁜 결과를 가져오지 않는다. 나쁜 생각과 나쁜 행동 역시 좋은 결과를 가져오지 않는다. 사람은 뿌린 대로 거둔다. 이것이 자연의 법칙이다.

- 크리스티나 치아Christina Chia

어린이들은 땅에 식물을 심는 것과 같은 원리로 무의식에도 생각을 심을 수 있다는 점을 알지 못한다. 왜 사람들은 서리가 그치면 정원에 백일홍이나 수박 씨앗을 심듯 우리 의식에도 생각을 심을 수 있다는 사실을 알지 못할까?

사람들은 화단에는 아름다운 꽃을 심으려고 생각하면서도 마음의 정원에 무엇을 심을 것인지에 대해서는 생각하지 못한다. 사실, '마음의 정원'에 무엇을 심을지를 생각하는 건 별로 어려운 일이 아니다. 우리는 마음속에 그려 보는 시각화를 통해 계획을 세우고, 그에 상응하는 행동을 취함으로써 마음의 정원에 생각의 씨앗을 심고 가꿀 수 있다.

다가올 나폴레온 힐 세계교육센터 개방 행사에서 크리스티나 치아Christina Chia는 〈마음의 정원Mind Garden〉이라는 새 책을 선보일 것이다. 그녀의 책은 인간의 생각이 얼마나 아름다운지를 꽃으로 표현한 사진집이다. 크리스티나는 인간이 생각의 씨앗을 싹틔우고 자라게 해서, 결국 아름다운 결과를 수확할 수 있다는 것을 자신의 책에서 사진으로 잘 표현했다.

꿈이 자라게 하는 방법을 안다면 꿈은 현실이 될 수 있다. 어린이들이 동요를 외우고 암송할 수 있는 것처럼, 성공 프로그램 역시 마음의 정원에 심을 수 있다. 명언, 자신감 법칙, 행동 계획, 그리고 '지금 당장 시작해!'와 같은 문구는 우리에게 긍정적인 결과를 가져다준다. 우리는 긍정적인 결과를 위한 비전을 일구는 훌륭한 정원사가 될 수 있다.

삶은 인생의 정원을 가꾸는 것과 같다. 생각의 씨앗을 마음의 정원에 심으면 '불멸의 존재'가 될 수 있다. 물론 문자 그대로 우리가 불멸의 삶을 살 수는 없지만, 마음과 정신에 심은 생각은 영원히 남게 될 것이다.

이제부터라도 마음의 정원을 가꾸어 보는 건 어떤가? 마음의 정원에 생각의 씨앗을 심도록 하자. 그렇게 한다면, 그 수확물은 기다릴 만한 가치가 있는 결과물로 다가올 것이다.

무의식의 씨앗

- 나폴레온 힐

　마음을 사로잡고 있는 생각이 무엇이든 간에 우리는 그 생각으로부터 이성적인 결론을 끌어낸다. 만약 우리가 가난과 질병과 부조화를 수확한다면, 그건 우리가 무의식에 부정적인 생각의 씨앗을 심었기 때문이다. 생각들이 많아져서 비슷한 종류의 결실들을 맺는다. 잘 정돈된 정원을 가꾼다면 더할 나위 없이 좋겠지만, 유감스럽게도 우리는 잡초와 함께 정원을 가꿔야 한다.

　이웃의 비어 있는 공터를 한 번 보라. 매년 봄, 그 공터에 엄청난 양의 잡초들이 자라나는 모습을 볼 수 있을 것이다. 잡초의 씨앗은 어디선가 날아와 사람들이 잘 돌보지 않는 이 공터에 자리를 잡고, 햇빛과 습기를 통해 양분을 얻어 뿌리를 내리고 자라기 시작한다. 그리고 사람들은 시간을 들여 그 잡초를 뽑아내고 더 나은 작물을 심으려 하지 않는다.

　목표 없이 인생을 살면서 원하는 대로 마음을 다잡지 않는다면, 그와 같은 상황이 우리 의식에도 일어날 것이다. 온갖 종류의 잡초 씨앗들은 어디선가 날아와 우리 의식에 떨어진다. 우리는 시간을 들여 좋은 씨앗과 나쁜 씨앗을 골라내고, 좋지 않은 씨앗을 제거해야 한다. 그렇게 하지 않으면 우리가 원하는 목표의 씨앗은 좋지 않은 씨앗들에게 먹혀 버릴 것이다. 그러면 결국에는 잡초가 마음의 정원을 차지하게 되고, 우리는 가치 있는 작물을 수확할 수 없다.

우리의 의식은 나태하지 않아서 항상 작동하고 있다. 하지만 그 의식을 자신이 원하는 곳에 쓸 것인지, 아니면 원하지 않는 것들을 끌어들여 잡초를 키우는데 쓸 것인지는 자신에게 달려 있다. 다만 자신이 무언가 분명한 목표를 이루기로 마음먹었을지라도 그것을 방해하는 시련이 찾아올 수 있다. 이는 그저 자신의 믿음을 시험하는 것이다. 더 많은 시험을 견딜수록 자신의 믿음은 강해진다. 일시적인 실패에 직면했을 때, 그 실패를 더 노력하라는 뜻으로 받아들여라. 그리고 성공할 수 있다는 믿음을 가지고 계속 앞으로 나아가라.

* 출처 : 〈PMA 성공의 과학PMA Science of Success〉

16. 보상의 씨앗

나는 〈절대로 실패하지 않는 성공 시스템〉이라는 책이 생명보험 세일즈를 소개하는 책이라 생각하고 책장에 처박아 두었다. 그런데 그 다음 주말 이 책이 책장에서 별안간 바닥으로 떨어졌다. 나는 책을 집어 들었고, 거기엔 '뜻을 품고, 믿음을 가지고, 성취하라'고 쓰인 문구가 있었다. 생각은 우주에서 가장 강력한 힘이다. 당신이 생각하는 대로 이루어질 것이다.

- 존 랜돌프 프라이스John Randolph Price

보험업계의 성공한 사업가 클레멘트 스톤은 한 세기 전인 1902년 5월 4일 루이즈와 안나 스톤 사이에서 태어났다. 그는 세 살 때 아버지를 잃었고, 어머니와 함께 친척집에 몸을 맡기게 되었다. 이처럼 열악한 상황에서도 그는 기적적으로 호레이쇼 앨저Horatio Alger가 쓴 〈무일푼에서 부자로〉 같은 책에 나오는 성공 스토리의 주인공으로 성장했다. 그는 어릴 적부터 이런 성공 스토리를 자주 읽으며 인생에서 명확한 목표를 갖기 위해 노력했고, 마침내 자신의 꿈을 이루었다.

클레멘트 스톤은 생각의 힘으로 꿈을 이룰 수 있다는 사실을 굳게 믿었고, 긍정적인 자세가 얼마나 중요한지도 잘 알고 있었다. 그는 생각을 바꿈으로써 자신이 처한 상황을 바꾸기 위해 성실히 노력했다. 그는 여섯 살 어린 나이에 시카고 서부 지역에서 신문 판매원으로 일을 시작했는데, 못된 소년들이 이미 나눠 가진 구역에서 치열하게 경쟁해야 했다. 스톤은 이때의 경험을 통해 공격적인 시장에서 성공하려면 틈새시장을 공략할 끈기와 용기를 갖추기 위해 자기 수양이 필요하다는 사실을 깨달았다고 한다.

클레멘트 스톤의 삶은 사람들의 기억 속에 남아 오래도록 전해질 만한 이야기가 되었고, 그는 어떤 상황에서도 성공할 수 있는 습관을 가진다면 누구나 성공할 수 있다는 사실을 직접 보여주었다. 그는 'R2A2'라 불리는 성공 법칙을 만들어 내기도 했다. 이 성공 법칙은 그가 책에서 읽은 정보를 골라 정리한 것으로, 그의 날카로운 직관력과 통찰력뿐만 아니라 성공하는데 필요한 특성들을 충실히 반영한다.

R2A2 성공 법칙은 '인식Recognize, 관계Relate, 완전히 이해하기 Assimilate, 적용Apply'을 뜻한다. 클레멘트 스톤은 매일 아침 이 법칙을 되뇌며 생각을 자극하고, 자기 수양을 했다. 또 어릴 적 책에서 읽은 주인공들로부터 배운 생각을 실천하기 위해 노력한 그는 훗날 엄청나게 성공한 기업가가 되었다.

사실, 클레멘트 스톤의 첫 번째 성공 모델은 그의 어머니였다. 그는 어머니를 '신이 내려 주신 특별한 선물'이라고 자주 말했다. 그의 어머니는 전형적인 어머니 상이기도 했지만, 그에 더해 특별하고 부지런하며, 배려심이 많은 어머니였다. 그녀는 아들과 함께 독립적인 삶을 살고 싶어 했지만, 남편을 일찍 여의고 혼자 돈을 벌어야 했다. 그래서 클레멘트 스톤은 늘 혼자였다. 게다가 시카고 서쪽 빈민가에 살고 있었기 때문에, 빈민가의 나쁜 친구들과 어울리며 못된 행동을 배운다면 인생의 패배자가 되기 쉬운 상황에 놓여 있었다.

아들이 나쁜 길로 빠질 수도 있다는 것을 깨달은 스톤의 어머니는 결국 큰 결심을 했다. 아들을 더 건전한 환경에서 성장할 수 있도록 일리노이 주 나우부에 있는 교구 기숙학교에 보내기로 결정한 것이다. 스톤은 기숙학교에서 자신이 평생토록 사용하게 될 좋은 습관들을 배우고 익혔다. 훗날 그는 이렇게 회고했다.

"기숙학교에서 보내는 시간이 몇 주가 몇 달이 되고, 몇 달이 몇 년이 되면서 사랑하고 존경하는 동시에 내게는 아버지와 마찬가지였던 목사님처럼 되고 싶다는 비밀스런 욕심이 생겼습니다."

아들을 올바른 길로 안내해 달라고 간절히 기도한 스톤의 어머니는 이런 식으로 응답을 받았다. 뿐만 아니라 스톤은 이 학교에서 절대로 실패하지 않는 R2A2 성공 법칙의 요소를 배우게 되었고, 그의 인생은 상승세를 타기 시작했다. 그는 어머니로부터 떨어져 기숙학교에 보내졌다고 슬퍼하거나 낙담하지 않고 그에 합당한 '보상의 씨앗'을 찾으려고 노력했다. 그리고 마침내 자신의 상황을 최대한 이용해서 큰 성공을 맛보았다.

보편적 습관의 힘

- 나폴레온 힐

인간은 스스로의 의지로써 행동 습관과 생각을 형성하거나 깨버릴 수 있는 선택의 힘을 가진 유일한 생물이다.

조물주는 인간에게 스스로 생각을 조절할 수 있는 특권을 주면서 인간을 '보편적 습관의 법칙' 아래 두었다. 우리는 생각하는 습관을 통해 자신이 생각하는 것들을 실제로 이룰 수 있다. 보편적 습관의 힘은 우리가 특정 생각을 하도록 지시하는 것이 아니라, 생각하고 행동하고 보는 것을 자신의 일부로 받아들여 실체화시킨다. 예를 들어, 누군가가 가난에 대해서만 계속 생각하면 습관의 법칙은 이 생각을 실체화시켜 그 사람에게 불행과 가난을 가져다 줄 것이다. 반면에, 행복과 만족, 정신적 평화와 물질적 부에 대해서만 생각한다면, 보편적 습관의 법칙은 그 생각을 실체화시켜서 그에 상응하는 것들을 가져다 줄 것이다. 인간은 생각을 통해서 패턴을 형성하고, 보편적 습관의 법칙은 인간이 만든 패턴에 따라 틀을 잡는 것이다.

자연의 위대한 질서는 결코 무에서 유를 만들어 내지 않는다.

보편적 습관의 힘 역시 중력, 전기, 자력, 만유인력과 같은 자연의 다른 질서와 조화를 이룬다. 그러나 보편적 습관의 힘은 자연의 가장 거대한 힘이라고 할 수 있는데, 모든 자연의 법칙들은 이 힘에 의해 움직이기 때문이다. 다시 말해, 모든 자연의 법칙들은 보편적 습관의 힘과 조화를 이루어 '무한 지성'의 능력을 드러낸다. 우주의 질서는 모든 자연의 법칙들이 우주의 계획 아래 조절되고 있다는 증거다.

그렇다면 어떻게 해서 보편적 습관의 힘이 긍정적인 마인드를 현실로 실체화시키는 것일까? 이 힘은 우리가 '믿음'이라는 의식의 상태를 갖출 때까지 우리의 감정을 강화시킨다. 우리가 믿음을 갖게 되면 의식은 '무한 지성'이 선사하는 것들을 수용적으로 받아들이게 된다. 그러면 '무한 지성'은 인간이 마음에 품은 바를 이룰 수 있는 완벽한 계획을 선사해 준다. 그리고 이 계획들은 자연의 수단들에 의해 현실로 이루어지게 된다.

보편적 습관의 힘이 우리가 원하는 것을 돈과 같은 물질로 바꾸어 주는 것은 아니다. 그러나 이 힘은 상상력을 작동시켜서 우리가 원하는 계획을 이룰 수 있는 방법을 생생하게 보여준다. 그건 기적도 아니고, 무에서 유를 창조하는 것도 아니다. 이 힘은 간절함을 가진 사람들이 자연스러운 방법을 통해 자신의 생각을 현실에서 완성시키도록 돕는 힘이다.

* 출처 : 〈PMA 성공의 과학PMA Science of Success〉

17. 행동에서 얻는 노하우

재봉에 소질이 있었던 클레멘트 스톤의 어머니 안나 스톤은 훌륭한 재봉사가 되기 위해 열심히 노력했다. 그녀는 시카고의 유명 여성복 집에서 일한 덕분에 돈을 벌어서 더 좋은 지역으로 이사를 할 수 있었다. 그즈음 스톤은 기숙학교에서 돌아와 어머니와 함께 살게 해 달라고 애원하곤 했다. 그 당시, 스톤은 향수병에 걸려 있었다. 또한 예전에 살던 빈민가와는 달리 새로 이사한 지역은 큰 문제가 없었기 때문에, 안나는 아들이 집으로 돌아오도록 허락했다. 클레멘트 스톤은 어머니와 떨어진지 2년 만에 다시 함께 살 수 있었다.

훗날, 스톤은 기숙학교에서 교육 받을 때 머릿속의 생각을 행동으로 옮기는 비결을 배웠다고 밝혔다. 그는 기숙학교에서 생활하는 동안, 더 바람직한 사람이 되기 위해 노력하는 사람들을 지켜보면서 자기계발이 얼마나 가치 있는 일이며, 인생을 더 나은 방향으로 바꿀 수 있는 방법이라는 걸 깨달았던 것이다.

클레멘트 스톤은 행동의 중요성을 강조하면서 이렇게 말했다. "머릿속의 영감을 행동으로 옮기는 원칙이 성공철학의 초석이 되었고, 그 원칙으로부터 R2A2 법칙을 만들 수 있었습니다. 머릿속에 떠오른 영감은 이미 우리 의식 속에 있는 것들이기 때문에, 그 영감을 행동으로 옮기는 것이 가장 중요합니다."

다음으로, 클레멘트 스톤의 두 번째 성공 법칙에 초점을 맞춰 보자. 스톤은 인생에서 노하우와 지식을 모으는 것이 중요하다는 것을 알고 있었다. 여섯 살 어린 나이에 신문팔이 소년으로 일하던 스톤은 한 레스토랑에서 운명적인 사건을 접하게 된다. 이 사건은 스톤을 성공적인 삶으로 이끈 대사건이었다. 훗날, 스톤은 이렇게 회고했다.

저는 고작 여섯 살이었고, 겁에 질려 있었습니다. 폭력을 쓰며 위협하는 덩치 큰 청소년들 속에서 신문을 파는 일은 결코 쉽지 않았지요. 그날의 기억은 지금까지도 잊을 수 없어요. 바로 그날, 저는 처음으로 불리한 상황을 유리한 상황으로 바꾸어 냈습니다. 지금 생각해 보면 간단하고 별 것 아닌 이야기지만, 그날이 바로 성공의 시작이었습니다.

그 레스토랑은 제가 일하는 구역 근처에 있었는데, 손님이 많아서 장사가 잘 되는 곳이었습니다. 여섯 살인 제게는 무서운 곳이었지요. 저는 바짝 긴장했지만 재빠르게 안으로 들어가 첫 테이블에 신문을 팔았습니다. 두 번째, 세 번째 테이블도 신문을 샀어요. 하지만 네 번째 테이블에서 신문을 팔려고 했을 때, 레스토랑 주인이 저를 문 밖으로 밀쳐냈습니다.

하지만 저는 포기하지 않았어요. 주인이 보지 않을 때, 재빨리 들어가서 네 번째 테이블로 다가갔습니다. 마침 테이블에 있던 손님은 저의 진취적인 마인드가 마음에 들었던 모양이에요. 주인이 저를 쫓아내기 전에 신문을 사 주었고, 추가로 10센트나 더 주었습니다.

그날, 저는 신문을 네 부나 팔고 보너스로 10센트를 받았어요. 그래서 저는 다시 레스토랑에 들어가서 신문을 팔기 시작했고, 테이블에 앉아 있던 손님들이 웃기 시작했습니다. 손님들은 그 상황을 재미있어 하면서 주인이 저를 쫓아내려고 다시 왔을 때, "팔게 내버려 둬요!"라고 소리쳤습니다. 그로부터 5분쯤 지났을 때, 저는 들고 있던 신문을 모두 팔았습니다.

행동으로부터 얻는 노하우와 정보가 바로 클레멘트 스톤의 성공 법칙 중 두 번째 법칙이다. 우리는 시행착오를 겪으면서 노하우를 얻을 수 있고, 이렇게 얻은 노하우를 통해서 어떤 것들이 성공하고 어떤 것들이 실패하는지를 알게 된다. 스톤이 일하면서 얻은 정보를 미래 투자를 위한 정보로 이용했던 것처럼, 그의 어머니 안나 스톤 역시 비슷한 방법으로 자신의 시야를 넓혔다. 안나는 유명 옷집에서 재봉사로 일한 경험을 살려 여성복 전문점을 시작했고, 밤낮없이 열심히 일했다. 하지만 불안정한 재정

문제가 그녀와 가족의 생계를 위협했다.

스톤은 어머니가 사업 때문에 절망하고 있다는 사실을 알고
는 신문을 팔아 모은 돈을 인출했다. 그리고 그 돈으로 장미 열
두 송이를 사서 감사의 뜻으로 어머니에게 선물로 드렸다. 안나
는 이 특별한 선물을 소중히 생각했고, 평생토록 주변 사람들에
게 들려주곤 했다. 훗날, 클레멘트 스톤은 그 당시의 일에 대해
이렇게 말했다.

"그때의 경험을 통해 '돈은 소중한 일을 할 수 있는데 쓸 수 있
는 좋은 것'이라는 사실을 깨달았습니다."

나만의 인벤토리

- 나폴레온 힐

당신의 개인적인 인벤토리를 살펴보자. 당신이 얼마나 많은 시간을 지혜롭고 유익하게 사용하고 있는지, 또 얼마나 많은 시간을 낭비하고 있는지 당신의 인벤토리를 보면 알 수 있다. 당신의 인벤토리를 살펴보기 위해 다음 질문들에 대답해 보라.

1. 당신은 명확한 목표를 가지고 있는가? 그렇다면 그 목표를 달성하기 위해 얼마나 많은 시간을 사용하는가?

2. 당신은 명확한 목표를 달성하기 위해 어떤 계획을 가지고 있는가? 꾸준히 노력하면서 그 계획을 지속적으로 수행하는가? 아니면 생각이 떠올랐을 때만 어쩌다 가끔 계획을 수행하는가?

3. 당신의 목표는 명확한가? 아니면 그저 희망이나 소망에 불과한가?

4. 목표를 이루기 위해 다른 사람들과 어울릴 때, 어떤 단계들을 밟는가?

5. 일시적인 실패를 더 노력하라는 도전으로 받아들이는 마음자세를 가지고 있는가?

6. 목표를 이루고자 하는 믿음과 실패할지 모른다는 두려움 중 어떤 것이 더 강한가?

7. 목표를 이루기 위해 수립한 계획들을 수행하는데 시간을 더 많이 사용하는가? 아니면 당신이 극복해야 할 장애물들에 대해 생각하는데 시간을 더 많이 사용하는가?

8. 목표 달성을 위해 더 많은 시간을 투자할 수 있도록 개인적인 즐거움을 포기할 수 있는가? 아니면 이미 그렇게 하고 있는가?

9. 당신이 1초라도 더 살 수 있다는 장담을 할 수 없음을 알고 있는가? 우리 삶은 빠르게 지나가고 있다. 1초가 지나면 다시 그 1초를 돌이킬 수 없다는 사실을 알고 있는가?

10. 당신이 처한 현재 상황은 지나간 시간을 어떻게 사용했느냐에 따른 결과라는 사실을 알고 있는가? 올바르게 사용한 1초가 인생을 완전히 바꿀 수 있다는 것을 알고 있는가?

11. 부정적으로든 긍정적으로든, 정신 자세는 즉시 바꿀 수 있다는 것을 알고 있는가?

12. 시간을 지혜롭게 사용하면서 생각을 실천하는 성공 방법 외에 다른 성공 방법을 알고 있는가?

13. 생각을 행동으로 실천하는 것 외에 운이나 예상치 못한 일에 의해 성공할 수 있다고 믿는가?

14. 스스로를 격려하고 다그칠 수 있도록 조언해 주거나 영감을 주는 사람이 주변에 있는가?

15. 의도했던 일이 실패했을 때, 그 원인을 분석하고 살펴보는가?

16. 생각과 행동에서 비롯된 자연의 법칙이 존재하고, 그 법칙을 이용해서 성공하거나 실패할 수 있다는 사실을 믿는가?

17. 이러한 성공철학의 일부분만 받아들이고, 일부분은 받아들이지 않는가? 아니면 모두 받아들이고, 주어진 지침에 따라 행동과 생각을 조절하는가?

이상의 질문들은 직설적이고 개인적인 면도 있다. 하지만 자신을 단단히 붙잡고 시간을 유용하게 사용하려면 이 질문들에 대해 반드시 대답해 봐야 한다.

* 출처 : 〈PMA 성공의 과학PMA Science of Success〉

18. 간절하고 절실하게

시련은 큰 고통을 안겨주는 동시에 인간으로서 한 단계 더 나아갈 수 있는 가능성을 제공한다. 나폴레온 힐 박사는 "모든 시련은 그에 합당한 보상의 씨앗과 함께 온다."고 말했다.

- 엘리 에셀 알퍼스테인Eliezer A. Alperstein

어린 시절, 클레멘트 스톤은 어머니의 생일을 특별하게 축하해 드리고 싶었지만 그의 수중에는 돈이 없었다. 그는 낙담한 채로 학교에서 집으로 돌아오는 길에 어머니에게 생일 선물을 할 수 있도록 해 달라고 간절히 기도했다. 길을 걷던 그는 발밑에서 얼음이 깨지는 듯한 소리를 들었다. 집으로 향하던 그는 자기 안에서 무언가가 "돌아가!"라고 속삭이는 소리를 들었고, 걸어온 길을 되짚어 갔다. 그리고 아래를 흘긋 내려다보니 구겨진 초록 종이가 보였다. 종이를 주워 보니, 놀랍게도 10달러짜리 지폐였다. 집에 돌아온 스톤은 어머니가 쉽게 발견할 수 있도록 생일 카드와 10달러 지폐를 테이블 위에 두었다. 어머니는 아들의 생일 선물을 보고 즐거워했고, 아들이 이런 생각을 했다는 사실이 더욱 기뻤다.

선물에 얽힌 이 경험은 클레멘트 스톤에게 감사와 자선 활동에 대한 교훈을 주었다. 훗날 그는 이렇게 회고했다.

"어른들은 결정을 할 때, 과거의 경험에 따라 나쁜 결정을 내리거나 좋은 결정을 내립니다. 좋은 특성을 가진 아이들은 좋은 특성을 가진 어른으로 자라납니다. 하지만 나쁜 특성을 가진 아이들은 나쁜 특성을 가진 어른으로 자랍니다. 결정도 마찬가지입니다. 그렇지만 좋은 결정에는 반드시 실천이 뒤따라야 합니다. 실천하지 않는다면 아무리 좋은 결정도 의미가 없으니까요. 실천하지 않으면 목표를 이루고자 하는 마음 자체도 사그라지게 됩니다. 그래서 좋은 결정을 하는 것도 중요하지만 실천하는 것이 더 중요합니다."

우리는 클레멘트 스톤이 제시하는 성공 법칙의 세 가지 단계를 살펴보았다. 세 가지 단계(① 영감을 행동으로 옮기기, ② 경험에서 노하우 얻기, ③ 지식 활동)는 원하는 것을 얻는 R2A2 공식(인식, 관계, 완벽히 이해하기, 적용하기)과 맞물려 떨어진다. 스톤은 시행착오를 거쳐 이 법칙들을 만들어 냈다.

클레멘트 스톤의 어린 시절은 그의 인생을 성공으로 이끄는데 큰 몫을 했다. 스톤이 고등학교에 입학할 무렵, 어머니가 보험 대리점에 투자하기 위해 디트로이트로 이사했기 때문에 스톤은 영국인 가정에서 하숙을 하고 있었다. 그의 어머니는 전 재산을 대리점에 투자했지만 안타깝게도 대리점을 연 첫 날, 손님은 한

명도 없었다. 훗날 스톤의 어머니는 이렇게 말했다고 한다.

"절망적이에요. 모든 재산을 투자했거든요. 이 대리점에서 투자
한 만큼의 돈을 벌어야 하는데……. 최선을 다했지만 아무것도
팔지 못했습니다. 그날 밤, 나는 응답을 청하는 기도를 드렸습니
다. 다음날 아침에도 기도를 드렸어요. 집을 나서면서 디트로이
트 시에서 가장 큰 은행으로 향했습니다. 그곳에서 은행원들에게
보험을 팔았고, 은행에서 계속 영업해도 된다는 허락을 받았습니
다. 내 마음이 너무나 간절해서 갑자기 모든 장애물들이 사라진
기분이었어요. 그날 하루에만 44건의 보험을 팔았습니다."

어떤 일이 있어도 성공하고 말겠다는 어머니의 굳은 결심을 목
격한 스톤은 어머니의 발자취를 따르기 시작했다. 그는 방학과
휴일에 디트로이트에서 어머니와 함께 머물며 상해보험 판매법
을 배웠다. 이 경험을 토대로 그는 절대로 실패하지 않는 성공 시
스템을 만들어 내기 시작했다. 고객에게 접근하고 연락하는 방
법들을 연마하면서 그의 전문성과 판매량은 기하급수적으로 늘
어났다. 얼마 지나지 않아 더 이상 학교를 다닐 여유가 없을 만큼
바빠졌다. 보험 판매에서 큰 성공을 거둔 스톤은 보험 세일즈에
본격적으로 뛰어들기 위해 고등학교를 그만두기로 결심한다.
　훗날 고등학교 졸업 자격을 얻기 위해 다시 야간 학교로 돌아
갔을 때, 그는 보험 세일즈와 학업을 병행하는 일이 쉽지 않다는

것을 깨달았다. 그는 보험 세일즈와 학교 공부, 둘 중 하나를 포기해야만 하는 상황에 놓였다. 스톤은 보험 세일즈 분야에서 성공하고 싶은 욕망이 더 컸기 때문에 대부분의 시간을 보험 세일즈에 쏟았다. 하지만 그는 지혜를 얻으려는 마음으로 계속해서 책을 읽었고, 학업을 게을리 하지 않았다. 그는 배움을 사랑했고, 교실 밖에서의 학업을 통해 지식을 쌓았다. 독서를 좋아했던 그는 서재에 있는 모든 책을 읽고 색인을 만드는 것은 물론, 주석까지 달아 놓을 정도였다. 비록 어릴 적에 꿈꾸었던 변호사가 되지는 못했지만, 그는 고등교육을 후원하는 사람으로 성공했다.

스톤은 자기 인생에서 일어나는 일들을 그저 지켜보기만 하는 소극적인 사람이 아니었다. 오히려 그는 진취적으로 인생을 개척하면서 자신이 원하는 일들을 해내는 사람이었다.

개인적인 이야기를 조금 하자면, 클레멘트 스톤은 자신의 어머니를 사랑으로 기억하고 있다. 그의 수필 중 한 편에서, 스톤은 크리스마스 아침 그의 아내가 어머니에게서 온 카드를 테이블 위에 올려놓은 사건을 아직도 기억한다고 말했다. 그날 아침, 스톤은 식탁에 놓인 카드에서 '클레멘트'라는 자기 이름과 어머니의 필적을 보고 깜짝 놀랐다고 한다. 스톤의 어머니는 오래 전에 돌아가셨는데, 어떻게 이런 일이 가능했을까? 스톤이 밝힌 사연은 이렇다.

"아내가 크리스마스 장식을 정리하다가 우리가 모아 둔 크리스마스카드를 발견했어요. 그 중에는 어머니에게서 받은 크리스마스카드도 있었지요. 사려 깊은 아내가 그 카드를 식탁에 두었고, 나는 큰 행복을 느꼈습니다. 아마 당신도 이런 식으로 사랑하는 사람에게 큰 즐거움을 줄 수 있을 거예요."

이 특별한 사연은 스톤이 어머니를 위해 10달러 지폐를 테이블 위에 올려놓았던 일을 떠오르게 한다. 좋은 일은 돌고 돌아서 계속 일어나기 마련이다. 어머니에게서 받은 크리스마스카드의 기적은 스톤이 어릴 적 어머니께 드린 생일 선물에서부터 시작된 일일 것이다. 마치 '뿌린 대로 거둔다'는 옛말처럼 말이다.

열정을 습관으로
- 나폴레온 힐

다음 지침을 따른다면, 당신의 마음속에 열정을 불어넣을 수 있다.

- 명확한 목표를 설정하라.
- 명확한 목표와 그 목표를 이룰 계획을 적어 보라. 그 목표가 이루어진다면, 그 대가로 무엇을 제공할 것인지도 함께 적어 보라.
- 열정적인 동기가 항상 당신의 목표를 뒷받침하게 하라. 그리고 당신의 동기를 불타는 갈망으로 만들어라. 그 갈망이 늘 당신의 마음을 사로잡게 하라.
- 지금 당장 당신의 계획을 실행하라.
- 꾸준히 계획을 실행하라. 그리고 할 수 있는 한 모든 열정을 끌어내라.
- 실패에 직면했을 때 자신의 계획을 면밀히 살펴보고, 필요하다면 계획을 수정하라. 하지만 일시적인 문제를 겪었다고 해

서 목표 자체를 바꾸지는 마라.

- 목표를 이루기 위해 다른 사람의 도움이 필요하다면, 도와 줄 사람을 찾아서 적극적으로 협력하라.

- 소극적이거나 비관적인 사람들을 피하고 낙관적인 사람들과 어울려라. 그리고 공감할 수 있는 사람들에게 자신의 계획을 이야기하라.

- 자신의 계획을 진척시키기 위해 하루도 빠지지 말고 시간을 투자하라. 열정을 습관으로 만들려면 같은 일을 반복해서 실천해야 한다는 것을 기억하라.

- 열정을 습관으로 만들기 위해서 자기 암시는 중요한 요소다. 어떤 일이 있어도 반드시 목표를 성취할 수 있다는 믿음을 가져라. 무의식이 행동을 취하도록 만드는 것은 정신 자세다.

- 항상 긍정적인 마인드를 유지하라. 공포, 질투, 욕심, 시기, 의심, 복수심, 증오, 편협함, 미루는 습관은 열정을 지워 버린다. 열정은 긍정적인 생각과 행동 아래서만 꽃을 피우고 열매를 맺는다.

우리는 두 종류의 세상에 살고 있다는 것을 기억하자. 하나는 마음가짐의 세상이다. 마음가짐의 세상은 우리가 어울리는 사람들과 환경에 크게 영향을 받는다. 다른 하나는 물질적인 세상이다. 물질적인 세상은 종종 우리 손으로 통제하기 어려울 때도 있지만, 대부분의 경우는 상황을 조절할 수 있다. 그렇다면, 어떻게 조절할 수 있을까?

　사람의 마음은 생각하는 것에 상응하는 물질적 세상의 요소들을 끌어들이기 때문에, 정신적 세상과 물질적 세상을 연결함으로써 자신이 처한 상황을 조절할 수 있다. 다시 말해, 비관적인 태도는 불행과 빈곤을 끌어들이고, 열정은 행복과 행운을 끌어들인다.

　　　　　　　* 출처 : 〈PMA 성공의 과학PMA Science of Success〉

19. 감정 조절

나폴레온 힐 세계교육센터는 지역 주민과 학생들에게 나폴레온 힐의 성공철학을 전하기 위해 해마다 개방 행사를 개최한다. 힐 박사의 17가지 성공 원칙 중에는 명확한 목표, 창조적인 비전, 그리고 열정이 있다.
- 수 엘런 리드Sue Ellen Reed

클레멘트 스톤은 끝임 없는 노력과 헌신으로 미국 합동보험 회사 회장이 되었고, 성공철학 월간지 〈무한 성공Success Unlimited〉의 편집자이자 출판인이 되었으며, 나폴레온 힐 재단 회장이 되었다. 그는 나폴레온 힐과 함께 〈긍정적인 자세를 통한 성공Success Through a Positive Mental Attitude〉을 집필했고, 유명 칼럼니스트 노마 리 브라우닝Norma Lee Browning과 함께 〈마음의 또 다른 면The Other Side of the Mind〉을 집필했다.

그가 남긴 유명한 캐치프레이즈인 '지금 즉시 행동하라!'는 말은 수많은 사람들의 열정을 북돋았다. 뿐만 아니라, 스톤은 하루를 시작할 때 "나는 건강하다! 나는 행복하다! 나는 훌륭하다!"라고 외치도록 사람들을 격려하기도 했다. 그렇다면, 동기를 부여하는 말들을 왜 사용해야 할까? 스톤은 이렇게 대답했다.

"좋은 생각, 긍정적이고 쾌활한 생각만 하는 것은 당신의 기분을 좋게 해 주기 때문입니다. 그리고 의식에 영향을 미치는 말은 신체에도 영향을 줍니다."

자기계발서의 진정한 가치는 작가가 책에 불어넣는 것이 아니라, 독자가 책에서 교훈을 꺼내 삶에 불어넣을 때 생겨난다. 스톤이 한 말의 의미를 되새겨 보자.

당신은 물려받은 것들, 환경, 신체, 의식과 무의식, 경험, 특정 시간과 장소에서 맡은 위치와 목적, 능력(알려진 능력과 알려지지 않은 능력)과 같은 것들로 이루어져 있다. 당신에게는 자신의 모든 것들에 영향을 주고, 사용하고, 조절하고, 조화를 이룰 수 있는 능력이 있다. 따라서 당신 스스로 자신의 생각과 감정을 조절할 수 있고, 스스로 운명을 결정지을 수 있다.

클레멘트 스톤은 세상을 떠날 때까지 나폴레온 힐 재단 회장으로 일하면서 자신의 성공 원칙을 교육하는 일에 전념했다. 그의 유산은 인디애나 주 해몬드의 퍼듀 대학 캘루밋과 와이즈의 버지니아 대학에 보존되어 이어져 오고 있다. 또한 나폴레온 힐 재단의 이사인 돈 그린과 나는 잡지와 세미나, 워크숍, 강연 등을 통해서 나폴레온 힐과 클레멘트 스톤이 남긴 성공철학을 가르치는 일을 하고 있다. 클레멘트 스톤의 성공 원칙은 다음과 같다.

1. 긍정적인 자세
2. 명확한 목표

3. 최선을 다하는 자세

4. 올바른 생각

5. 자기 수양

6. 훌륭한 동료들

7. 실천하는 믿음

8. 유쾌한 성품

9. 자기 주도성

10. 열정

11. 주의력 조절

12. 협력

13. 역경과 실패로부터 배우는 자세

14. 창조적인 비전

15. 시간과 돈 예산 짜기

16. 건강한 마음과 신체 유지하기

17. 보편적 습관의 법칙 사용하기

원하는 것을 이루고 싶다면
- 나폴레온 힐

인생에서 진정으로 원하는 것을 이루고 싶다면, 다음에 제시하는 성공 원칙을 실천해야 한다.

- 다른 사람의 마음 상태와 특성에 맞추어 그들과 어울릴 수 있도록 노력하고, 자기 조절 방법을 터득하라.
- 인간관계에서 별 것 아닌 일을 크게 만들지 마라. 마음이 넓은 사람들은 별 것 아닌 일을 무시함으로써 일을 키우지 않는다.
- 하루를 시작할 때, 자신의 마음을 길들이는 방법을 터득하라. 그렇게 함으로써 하루 종일 긍정적인 마음을 유지하라.
- 직접적인 방법이 아니라, 은근한 방법으로 사람들을 납득시키는 법을 배워라.
- 따뜻한 미소를 통해 분노를 가라앉히는 습관을 들여라. 이렇게 함으로써 부정적인 감정을 긍정적인 감정으로 바꿀 수 있다. 뛰어난 세일즈맨들은 긍정적인 마음가짐을 유지하기 위해 이 습관을 따르곤 한다. 만약 당신이 제품을 판매하는 직업이

라면 이 습관은 더더욱 중요하다.

- 실패하거나 패배했던 때를 분석하고 그 이유를 찾아라. 그런 경험들과 함께 오는 합당한 보상의 씨앗을 얼마나 빨리 찾을 수 있는지 살펴보라.

- 할 수 있는 것들에 초점을 맞추고, 할 수 없는 것들에 대해 너무 걱정하지 마라. 할 수 있는 것들에 집중해야 성공에 가까이 갈 수 있다.

- 불쾌한 상황을 긍정적인 자세가 필요한 상황으로 바꿔라. 이것을 습관으로 삼고 불쾌한 상황에 맞닥뜨렸을 때마다 실천해 보라.

- 자신의 삶에 영향을 미치는 모든 상황을 인생의 방앗간에서 찧는 곡식이라고 생각하라. 그리고 그것이 불쾌한 상황이든 유쾌한 상황이든 결국에는 어떤 형태로든 이익을 가져다 줄 것이라고 믿어라.

- 아무리 노력해도 실패할 때가 있다는 것을 기억하라. 실패를 경험으로 생각하고, 때로는 실패할 수도 있다는 것을 받아들여라.

- 좋은 경험이든 나쁜 경험이든, 인생을 경험으로부터 배우는 끊임없는 과정이라고 생각하라.

- 생각은 눈덩이처럼 불어나서 당신에게 돌아온다는 사실을 기억하라. 그 생각은 자신을 축복할 수도 있고, 불행하게 만들 수도 있다. 그러므로 자신의 생각들을 잘 살펴서 수확할 가치가

있는 좋은 생각만 세상에 내보내도록 하라.

- 어울릴 사람들을 신중하게 선택하라. 다른 사람들의 부정적인 생각이 전염되어 자신에게도 영향을 주기 때문이다.

- 자신에게는 두 가지 성격이 있다는 것을 기억하라. 하나는 긍정적이고 강한 믿음을 품은 성격이고, 다른 하나는 부정적이고 불신을 품은 성격이다. 항상 믿음을 품은 성격에 의지하면 다른 하나의 성격은 금방 사라질 것이다.

- 충분한 믿음을 가져라. 이미 원하는 것을 가지고 있다고 생각하면서 기도하면 그 기도는 훌륭한 결과를 가져올 것이다. 믿음을 갖기 위해서는 긍정적인 자세가 필요하다.

* 출처 : 〈PMA 성공의 과학PMA Science of Success〉

20. 변하지 않는 습관

실패를 두려워하면 진정한 성공을 이룰 수 없다. 성공은 명확한 목표,
끊임없는 노력, 위험을 감수하려는 의지, 실패로부터 배우려는 자세,
목표를 이룰 수 있다는 확고한 믿음을 가진 자에게만 열려 있다.
- 게일 브룩스Gail Brooks

최근에 치노 마르티네즈와 나는 미네소타 주 미니애
폴리스에서 열리는 미국 품질협회 국제회의에서 발표를 한 적이
있다. 이 협회에 대해 아는 사람이라면 국제적 지위와 명성에 대
해서도 익히 알고 있을 것이다. 많은 프로그램이 주로 수량 측정
이나 품질 관리를 주제로 다루기 때문에, 미국 품질협회의 취지
에 맞는 적당한 주제를 고르기가 매우 어려웠다. 하지만 우리가
두 번째로 내놓은 제안이 채택되었고, 우리는 '동화 속에서 품질
변화시키기'라는 주제로 발표를 진행하게 되었다. 이 발표에는
동화 〈오즈의 마법사〉에 등장하는 사자, 양철 나무꾼, 허수아
비, 그리고 도로시의 특성과 나폴레온 힐의 성공철학 원칙들을
서로 연결시키는 내용이 담겨 있다.

대부분의 독자들이 이 고전 동화를 이미 알고 있으므로, 여러
분에게 큰 즐거움과 유익함을 줄 것이라고 생각한다. 우리는 이

발표를 3주에 걸쳐 3개 부분으로 나누어 진행했다. 여기에 그 내용을 소개한다.

아이들은 감정적, 정신적, 사회적, 영적, 그리고 신체적 성장통을 겪는 발달 단계를 헤쳐 나가기 위해 종종 동화를 읽는다. 개인적인 질문을 던지는 것보다는 사자나 허수아비, 양철 나무꾼이나 도로시에 대한 질문을 던지는 것이 훨씬 더 쉽기 때문이다. 또한 회사에서는 비유적 사례를 이용해서 일과 관련된 이야기를 한다. 대부분의 사람들은 구체적인 이야기보다 추상적인 이야기를 더 선호하기 때문이다.

고전 동화인 〈오즈의 마법사〉는 아이들이 성장하면서 겪어야 할 공포와 문제들을 다루고 있다. 또한 이 이야기는 사람들이 '어른 세상'에서 성공하기 위해 가져야 할 특성들에 대해서도 다룬다. 두려움, 순수함, 어리석음, 냉혹함은 우리가 살아가면서 한 번쯤은 겪어야 할 특성들이다. 그렇기 때문에, 우리는 L. 프랭크 바움이 쓴 이 동화의 캐릭터들과 쉽게 공감할 수 있다.

삶에서, 그리고 문학에서 사람의 성격을 발전시키기 위해 성장과 변화는 반드시 필요하다. '자신의 단점을 인식하면 문제의 절반은 해결한 것과 같다'는 말이 있다. 하지만 단점을 인식하는 것보다 중요한 것은 실제로 변화하는 것이다.

당신이 리더가 되기를 원한다면 '지식, 용기, 배려'를 모두 갖추어야 한다. 이 요소들을 하나로 합쳤을 때, 사람들로부터 인정

받는 리더가 될 수 있다. 예를 들어, 사람들은 당신이 얼마나 배려심 있는 사람인지 알기 전까지는 당신의 말에 주의를 기울이지 않을 것이다. 동화 속의 겁쟁이 사자나 허수아비, 양철 나무꾼처럼 직접 변화를 겪기 전까지는 어떤 리더십 트레이닝을 듣는다고 해도 갑자기 마법처럼 카리스마적인 리더가 될 수 없다. 오직 마음, 정신, 영혼의 변화만이 당신을 훌륭한 리더로 만들어 줄 것이다.

나폴레온 힐은 리더가 되기 위해 사람들이 겪어야 하는 과정에 대해 예측하면서 '리더가 가져야 할 자질은 무엇인가?'라는 의문을 가졌고, 오랜 연구 끝에 리더가 반드시 가져야 할 17가지 원칙과 특성을 찾아냈다. 동화 속 주인공 도로시는 자신의 '무지개'를 찾기 위해 여행하면서 성공으로 향하는 길은 몇 가지 성공 원칙들을 적용하는 것에 달려 있다는 사실을 알게 된다. 그렇다면, 도로시가 여행하면서 찾게 된 유용한 성공 원칙들은 무엇일까? 교육 행정가 호레이쇼 만Horace Mann은 이렇게 말했다.

"습관은 끈과 같아서 우리는 매일 실을 자아야 하고, 한 번 들인 습관은 쉽게 끊을 수 없게 된다."

자연의 세계가 '변하지 않는 습관'의 시스템으로 온 우주를 유지하듯, 우리 각자는 자신이 늘 하는 생각들의 결과로 이루어져 있다. 인간은 자신의 생각과 행동 습관의 결과로 이루어져 있다. 당신이 지금보다 더 나은 사람이 되고 싶다면, 지금의 당신을 더 바람직한 사람으로 만들어 줄 성공 습관을 길러라.

동화 속 주인공 도로시는 자신이 원하는 것은 항상 마음속에 있었다는 것을 발견했고, 뒤이어 자신의 잠재력을 발휘하는 법 또한 찾아내야 했다. 도로시가 노란 벽돌 길을 따라 오즈의 마법사를 만나러 가는 여정에서 어떤 성공 원칙들이 그녀와 그녀의 동료들을 도왔는지 생각해 보자.

자발적 습관의 형성
- 나폴레온 힐

자발적 습관을 형성하는 세 가지 원칙이 있다. 이 원칙들은 매우 중요하니 잘 기억하도록 하자.

적응성

'적응성'은 변화할 수 있는 능력이나 특성을 말한다. 한 번 변화를 겪고 난 뒤 새롭게 만들어진 형태는 또 다시 새로운 변화가 올 때까지 유지된다. 다시 말해, 적응성은 아이들이 학교에서 가지고 노는 점토에서 볼 수 있는 일종의 '유연성'이다. 점토는 어떤 모양으로도 틀을 잡을 수 있고, 한 번 만들어진 모양은 다른 모양으로 다시 틀을 잡을 때까지 유지된다. 적응성도 마찬가지다. 인간은 적응성을 가지고 변화를 수용할 수 있는 유일한 생물이다. 인간의 적응성은 놀라운 정신 능력 중의 하나다. 인간은 외부적 영향이나 환경에 의해 변화할 수도 있지만, 의지를 가지고 자발적으로 변화를 선택할 수도 있다. 그리고 '적응성'이라는 이 놀라운 특권은 자발적 습관을 형성하는 중요한 요소다.

반복성

우리가 이미 알고 있듯이 '반복'은 기억과 관련해서 중요할 뿐만 아니라, 습관과 관련해서도 매우 중요하다. 습관이 형성되는 속도는 얼마나 자주 반복되느냐에 달렸다. 물론 사람마다, 상황마다, 시기에 따라 다르다. 예를 들어, 우리는 하루에 몇 번이고 특정한 생각을 되풀이 할 수 있지만, 직장에서 일하는 중이라면 일하고 있는 상황 때문에 습관을 들이고자 하는 생각을 반복할 수 없을지도 모른다. 뿐만 아니라 자기 주도성 또한 변화의 원인이 될 수 있다. 어떤 사람은 게으르고 무관심한 반면, 어떤 사람은 야망과 에너지가 넘치기 때문이다. 이런 성향의 차이 역시 생각이나 행동을 반복하는 횟수에 영향을 미친다. 또한 습관을 들이는데 걸리는 시간에도 영향을 미친다.

인상의 강도

인상印象의 강도는 습관 패턴을 형성하는 과정에 영향을 미치는 또 하나의 요소다. 우리는 지금까지 강하고 흥미로운 동기와 불타는 갈망이 얼마나 중요한지에 대해 반복해서 읽었다. 인상의 강도가 중요한 이유는 무엇일까? 어떤 생각을 의식에 심고, 이룰 수 있다는 생각을 계속 품으면 그 생각은 곧 '강박적인 바람'이 되기 때문이다. 강박적인 바람을 품는 것은 그저 막연히 소망하는 것보다 의식에 훨씬 더 큰 영향을 미친다. 따라서 인상의 강도는 습관 형성의 속도를 높이는 중요한 요소 중 하나다.

* 출처 : 〈PMA 성공의 과학PMA Science of Success〉

21. 두려움에 맞서는 용기

우리는 나폴레온 힐이 쓴 불후의 명저 〈풍요로움으로 향하는 비결〉과 〈생각하라 그러면 부자가 되리라〉를 읽으면서 귀중한 자기 학습을 할 수 있다. 나는 이 책을 통해 성공한 사람들과 위대한 리더들의 지혜를 얻을 수 있었다.

- 척 싱크Chuck Sink

동화 〈오즈의 마법사〉에서 주인공 도로시는 마법의 루비 구두를 신었지만 사용하는 방법을 몰랐다. 도로시가 마법을 부리는 방법을 익히고 성장하기 위해서는 지식, 동정심, 그리고 용기와 같은 인간적 특성들을 지녀야 했다. 도로시는 그 특성들을 얻기 위해 동화 속 가상의 나라를 돌아다니면서 많은 경험을 했고, 결과적으로 그 경험들을 통해서 성장할 수 있었다.

미국의 사상가 에머슨은 "성공의 열쇠는 생각에 달려 있다."라고 말했는데, 나폴레온 힐은 그에 더해서 이렇게 말했다.

"우리는 생각의 틀을 잡는 특권을 누림으로써 운명을 스스로 통제할 수 있게 된다. 하지만 한 번 특정한 패턴으로 틀이 잡히면, 그 생각은 보편적 습관의 법칙에 따라서 영원한 습관이 된다. 그리고 그 습관은 더욱더 강한 생각의 습관으로 대체되지 않는 한 영원히 남는다."

각자가 선택한 분야에서 리더가 되고 싶다면 리더로서의 자질을 갖추어야 한다. 리더의 자질에는 지식, 용기, 배려심 등 다양한 특성들이 포함되어 있다. 동화 속 허수아비와 겁쟁이 사자, 양철 나무꾼을 자세히 살펴보면 이들이 가진 특성이 우리 시대의 리더들에게 얼마나 중요한 의미를 갖는지 알 수 있다.

'지식'은 어느 분야에서나 중요하다. 그러나 단지 교과서를 외우는 것만으로는 부족하다. 혹자는 '지식이 능력'이라고 믿었던 허수아비와 같은 생각을 할지도 모른다. 더 정확히 말하면, 그런 사람들은 지식만이 유일한 잠재 능력이라고 믿는다. 그러나 지식은 제대로 사용할 때만 그 힘을 발휘할 수 있다. 사실, 지식은 새로운 생각을 배우는 여섯 단계 중 하나일 뿐이다. 블룸Bloom의 이론에 따르면, 진정한 학습은 '지식, 이해, 적용, 분석, 응용, 평가'의 여섯 단계로 이루어진다. 지식은 이 여섯 단계에서 맨 위 단계가 아니라 맨 아래 단계라는 점에 주목하자. 다시 말해 산업, 사람, 기술, 상품, 비즈니스 등에 대한 다양한 지식은 생활에 적용하지 않는 한 무용지물인 것이다.

동화 속의 허수아비는 학업을 계속한 덕분에 졸업장을 받을 수 있는 자격을 갖추게 되었다. 스스로에게 이렇게 질문해 보라.

'허수아비는 졸업장을 받고 난 뒤 실제로 더 현명해진 것일까? 아니면 스스로 더 현명해졌다고 느끼는 것뿐일까?'

일단 지식을 습득하고 난 후, 허수아비의 자존감은 높아졌다.

그리고 자신감에 넘쳐서 습득한 지식을 생활에 적용하게 되었다. 이처럼, 지식은 생활에 적용할 때만 능력으로 발휘된다. 그후, 허수아비는 스스로 만들어 놓은 한계에 대해 생각하는 대신, 자신의 능력과 그 능력의 결과에 대해서 생각하기 시작한다. 그리고 그 생각들은 현실로 이루어졌다. 이와 같이 명확한 목표는 모든 성취의 시작점이다. 이 원칙이야말로 '행동하는 사람'과 '행동하지 않는 사람'을 구별하는 단 하나의 기준이다.

'용기'는 두려움에 정면으로 맞서는 능력이자, 결과에 연연하지 않고 계속 일을 해 나가는 능력이다. 나폴레온 힐이 "두려움은 성공으로 가는 길에서 가장 큰 장애물이다."라고 말했듯이 두려움은 사람을 멈추게 하고, 뒤돌아보게 하며, 앞으로 나아가지 못하게 만든다. 프랭클린 루즈벨트는 대공황 시기에 "우리가 정말로 두려워해야 하는 것은 두려움 그 자체다."라는 유명한 말을 남겼는데, 이 말은 수십 년이 지난 오늘날에도 적용된다.

두려움은 우리를 움직이지 못하게 한다. 또한 두려움은 우리를 리더가 아닌 아랫사람이 되게 하고, 우리가 자기 주도성과 열정을 발휘할 수 없도록 만든다. 근본적으로 두려움은 성공하려는 추진력과 욕망도 감소시킨다.

겁쟁이 사자가 용기를 발휘한 덕분에 상을 받았을 때도 여전히 두려움을 느꼈다. 하지만 그때, 사자는 용감한 사람들도 종종 두려움을 느낀다는 점을 이해하게 되었다. 그리고 사자는 스스로 용감하다고 생각했기 때문에 결과적으로 용감해졌다. 사자가 받은 상은 내면의 변화를 외면으로 표현하게 된 것이었다. 두려움을 파악하고 나면 그 이후에는 우리가 원하는 결과를 생각해야 한다. 그리고 정말 두려움에 따라 움직이기를 원하는지 생각해 보아야 한다. 우리는 넘치는 정보와 사람들, 그리고 두려움에 주눅 들지 않아야만 두려움을 수용하고 앞으로 나아갈 수 있다. 성공을 이루려는 사람은 목표를 향한 첫 발을 뗌으로써 스스로 두려움을 극복해야 한다.

죽음 연구 전문가인 엘리자베스 쿠블러 로스Elizabeth Kubler Ross 박사는 인간에게는 죽음을 받아들이는 '부인, 분노, 협상, 우울, 수용'의 다섯 단계가 있다고 밝혔다. 이 단계는 기본적으로 변화를 받아들이는 단계이기 때문에, 사람들은 두려움에 직면할 때도 같은 단계를 밟는다. 변화를 받아들이기 위해 겪어야 할 순서가 있다는 점을 알게 되면, 우리는 이 과정을 좀 더 합리적이고 통제할 수 있는 과정으로 받아들이게 된다.

변화를 받아들이는 긍정적인 태도는 두려움에 직면했을 때도 '할 수 있다!'는 도전 정신을 발휘하도록 해준다.

보상의 법칙과 소득의 법칙

- 나폴레온 힐

우리가 익혀야 할 두 가지 중요한 법칙은 '보상의 법칙'과 '소득의 법칙'이다. 인간은 살아남기 위해 이 두 가지 법칙에 의존해 왔다.

예를 들어, 농부가 이 법칙을 지키지 않는다면 더 이상 작물을 키울 수 없게 된다. 농부가 이 법칙을 따르면서 최선을 다하는 모습을 살펴보자. 농부는 가장 먼저 그루터기나 덤불을 치우면서 땅을 고른다. 그리고 나서 필요한 곳에 쟁기질과 써레질을 하고, 땅에 비료를 뿌린다. 이 일들을 한 뒤에는 씨앗을 뿌린다. 이때, 농부는 지혜를 사용해서 일해야 한다. 언제 수확을 할지, 어떤 방식으로 재배할 것인지, 농업용수를 어떻게 끌어올 것인지를 결정해야 하는 것이다.

만약 농부가 지혜롭게 일한다면, 자연은 보상의 법칙에 따라 그에게 보상을 제공할 것이다. 자연은 일을 하지 않은 사람에게는 아무 것도 주지 않지만, 열심히 일한 사람에게는 그에 맞는 보상을 준다. 보상의 법칙은 밭에 심은 씨앗은 반드시 소득으로 돌아온다는 것을 보장한다. 하지만 이 법칙만 존재한다면, 이 과정에서 얻는 것은 아무것도 없을 뿐만 아니라 음식을 얻기도 힘들 것이다.

자연에는 보상의 법칙에 더해서 소득의 법칙이 존재한다. 소득의 법칙은 심은 것보다 더 많은 것을 수확할 수 있도록 해주는 법칙이다. 자연은 농부가 땅에 뿌린 씨앗에 비해 몇 배의 소득을 올릴 수 있도록 도와준다. 농부가 최선을 다해 많은 일을 했기 때문에, 그 보상으로 몇 배의 수익을 얻는 것이다. 이러한 불변의 법칙은 믿음을 가지고 끊임없이 노력하는 사람들에게 반드시 보상을 주는 법칙이다.

우리는 이러한 자연의 법칙을 통해 받는 것보다 더 많이 노력하고 일하는 원칙이 그저 인간이 만들어 놓은 법칙이 아니라는 사실을 알 수 있다. 혹자는 이러한 자연의 법칙이 단순하다고 생각할 수도 있다. 물론 자연에서 일어나는 일들은 단순할 수 있지만, 그 일들 뒤에 감춰진 노력은 결코 단순하지 않다. 이 두 가지 법칙은 시간과 공간을 조화롭고 질서 있게 유지하는 우주의 다른 법칙들과 마찬가지로 절대로 변하지 않는 것이다.

성공하고 싶다면 자연의 법칙을 따르고 적용할 수 있어야 한다. 그러기 위해서는 자연의 법칙들에 담겨 있는 목적과 의미를 헤아리는 것만으로는 부족하다. 그 법칙들의 존재를 잘 이해하고 행동으로 옮겨야 한다.

* 출처 : 〈PMA 성공의 과학PMA Science of Success〉

22. ABC 법칙

우리는 꿈과 목표를 이루기 위해 생각을 통제하고, 두려움을 극복하며 노란 벽돌 길을 걸어야 한다. 누구도 우리를 대신해서 이 일을 해줄 수 없다. 오즈의 마법사는 바로 우리 안에 있기 때문이다. 누구도 이 진실을 부정하지 못하게 하라.

- 바바라 헤일리Barbara Hailey

타인을 공정하고 정의로운 자세로 대하지 않고는 진정한 리더가 될 수 없다. 진정한 동정심은 태어나면서 저절로 생기는 특성이 아니라, 상호 작용을 통해 얻게 되는 특성이다. 고전 〈크리스마스 캐롤〉에서 미래의 크리스마스 유령은 동정심을 '따뜻한 인정'으로 표현했다. 친절함은 어린이와 어머니의 관계에서부터 시작되고, 자라면서 가족과의 관계로 넓어지며, 더 나아가 사회 속에서의 관계로 발전한다.

매슬로우의 욕구 단계에 따르면, 사람이 태어나면서 받은 재능을 발휘하기 위해서는 먼저 스스로를 돌보며 동정심을 키워야 한다. 그러나 학생들은 롤 모델 없이는 동정심을 습득할 수 없다. '동정심'은 받는 일보다 주는 일에 관심이 있어야만 얻을 수 있는 특성이다. 또한 동정심은 우주로부터 받은 선물들에 보답하겠다는 마음으로 최선을 다하는 것이다. 심리학자 매슬로우는 욕구 단계의 가장 상위에는 '자아실현'이 있다고 했다. 이 자아실현 단계는 우리가 받은 재능을 활용하여 우주가 선사한 선물에 보답하는 단계라고 할 수 있다.

동화 〈오즈의 마법사〉에서 양철 나무꾼이 심장을 가졌다는 것을 깨달았을 때, 그는 감정적으로 타인과 연결되어 있음을 느꼈다. 그는 도로시가 고향인 캔자스로 돌아간다는 것을 알게 되었을 때, 감정적인 고통을 느끼기도 했다. 이런 높은 단계의 동정심이야말로 우리를 인간답게 만들어 주는 요소다.

나폴레온 힐은 예수의 〈산상수훈〉(신약성서에 수록된 예수의 가르침)에 나오는 행동 규범에 맞추어 다른 사람과의 관계를 형성해야 한다는 교훈을 남겼다. 또한 그는 정신적인 성공이 없다면 물질적인 성공은 의미가 없다는 말을 남겼다. 더해서 힐 박사는 이렇게 경고했다.

"다른 사람에게 매기는 정의의 기준에 따라 당신의 양심 또한 평가 받을 것이라는 점을 기억하라."

힐 박사는 정의에 대해 이렇게 덧붙였다.

"내가 말하는 정의는 인간의 능력과 가치를 인정하고 다른 사람을 격려하는 것을 목표로 하는 정의다."

최선을 다하는 것은 모든 원칙들 중에서 가장 가치 있는 원칙이다. 우리가 최선을 다해 노력하면 우주는 몇 배로 보답한다. 이 법칙은 늘어나는 '소득의 법칙'과 '보상의 법칙'이라는 이름으로 알려져 있다. 이 법칙을 계속해서 따른다면, 우리는 의심할 여지없이 성공을 거둘 것이다.

인생의 여정을 살아가면서 〈오즈의 마법사〉에 나오는 인물들과 자신을 비교해 봄으로써, 우리는 내면에 살고 있는 겁쟁이 사자, 양철 나무꾼, 허수아비, 그리고 도로시를 볼 수 있게 된다. 우리 내면에 있는 이 '인물들'은 더 나은 성과를 낼 수 있는 기회를 찾고 있는 중이다. 따라서 자기 인생을 성공으로 이끌기 위해서는 자신에게 다가오는 배움의 기회들을 수용해야 한다.

당신이 성장하도록 주어지는 도전을 피하지 말고 받아들여야 한다. 한 발 앞으로 나아가 그 도전들을 받아들임으로써 성장의 기회들을 피해 숨거나 두려워하지 않고 도전을 수행해 나갈 수 있다. 셰익스피어는 이렇게 말했다.

"인생에는 기회라는 것이 있다. 기회를 잘 잡으면 성공에 도달하지만, 놓치면 여울에 처박혀 불행하게 된다. 그러나 세월은 우리를 기다리지 않는다."

삶이 주는 도전을 기꺼이 받아들이자. 지금 당장 기회를 잡아서 변화를 이루어야 한다. 기회를 잡아서 변화한다면 큰 이익을 얻게 될 것이다. 동화 속의 도로시, 허수아비, 양철 나무꾼, 겁쟁이 사자를 보라. 그들은 자기들이 원하는 상을 받았고, 그로인해 그들의 삶은 더 나아졌다. 그들이 노란 벽돌 길을 따라 걸으며 많은 것을 배웠기 때문이다.

뜻을 품고Conceive, 믿음을 가지고Believe, 성취하라Achieve. 이것이야말로 삶을 성공으로 이끄는 ABC 법칙이다. 이 법칙을 따라 한 번에 한 걸음씩 걸어 보자. 그렇게 노란 벽돌 길을 따라 걸어가다 보면 생각보다 빨리 목적지에 도착하게 될 것이다. 그리고 머지않아 마음속 목적지에 도달한 자신을 발견하게 될 것이다.

통제할 수 있는 것과 없는 것

- 나폴레온 힐

긍정적인 자세는 원하지 않는 것을 마음에서 지우고, '원하는 것들이 이루어지는 상황에 대해서만 생각하는 습관'이다. 그러나 대부분의 사람들은 조만간 닥칠지도 모르는 상황에 대한 두려움과 걱정에 사로잡힌 채 삶을 살아간다. 또한 이런 사람들은 자신의 부정적인 태도 때문에 닥친 불행을 남의 탓으로 돌리곤 한다.

사람의 마음은 생각하는 것을 물질적으로 실체화하는 능력을 가지고 있다. 예를 들어 보자. 가난에 대해서만 생각한다면 결국 가난하게 된다. 하지만 풍요로움에 대해서만 생각한다면 풍요롭게 살 수 있게 된다. 이 조화로운 인력의 법칙에 따라 인간의 생각은 그에 걸맞은 물질적 보상을 받게 된다.

긍정적인 자세는 불쾌한 상황을 자신의 능력을 시험하는 상황으로 보고, 그 상황에서 '합당한 보상의 씨앗을 찾는 습관'이다. 또한 긍정적인 자세는 자신에게 닥친 문제를 검토하여 통제할 수 없는 문제와 통제할 수 있는 문제의 차이점을 찾는 습관이다.

긍정적인 자세를 가진 사람은 자신이 통제할 수 있는 문제들을 해결하기 위해 애쓴다. 그리고 통제할 수 없는 문제가 자신을 부정적인 사람으로 바꾸도록 방치하지 않는다.

* 출처 : 〈당신 안의 기적을 깨워라You Can Work Your Own Miracles〉

23. 나쁜 소식과 좋은 소식

부정적인 결과는 부정적인 대화에서 생겨난 부정적인 생각에서 온다. 또한 나쁜 결과는 나쁜 소식에서부터 온다. 우리는 이 나쁜 소식을 곱씹을 것인지 말 것인지를 결정해야 한다.
- 키스 러셀 리Keith Russel Lee

뮤지컬 〈더 위즈The Wiz〉에 '나쁜 소식은 싫어!No bad news'라는 제목의 노래가 나온다. 나쁜 소식이 만연할 때, 이 소식들은 힘을 얻어서 우리의 하루를 망치거나 심지어 일생을 망칠 수도 있다. 나쁜 소식은 우리에게 피해를 주는 것은 물론, 미래의 발전과 기쁨까지도 망칠 수 있다. 말 그대로, 나쁜 소식은 영혼을 빨아먹고 우리가 이미 죽어 있는 것처럼 느끼게 만든다. 뿐만 아니라, 나쁜 소식은 우리를 몽유병자나 좀비가 된 것처럼 무기력하게 만든다.

나쁜 소식의 유일한 해독제는 긍정적인 생각이다. 나폴레옹 힐과 클레멘트 스톤은 나쁜 소식을 사악한 것으로 보았고, 발뒤꿈치로 누른 후 멀리 차 버려야 한다고 말했다. 하지만 시련이나 충격적인 상실, 고난, 부정적인 일을 겪어 본 사람이라면 그런 상황에서 변화를 만드는 것이 쉽지 않다는 점을 잘 알 것이다.

상황이 자신의 능력 밖이라고 느껴질 때, 어떻게 하면 상황을 역전시킬 수 있을까?

영국의 정치철학자 에드먼드 버크Edmund Burke는 "선한 자들이 아무것도 하지 않는다면 악이 승리하게 될 것이다."라고 했고, 나폴레온 힐은 "행동을 보임으로써 다른 사람들에게 동기를 부여하는 법을 배워라."라고 말했다. 따라서 나쁜 소식으로 인한 영향을 차단하는 최선의 방법은 '행동하는 것'에 있다.

제방에 생긴 구멍을 손가락으로 막는 단계의 행동에 그치지 않고, 모래주머니를 쌓아 둑을 만들어 홍수에 대비하는 단계까지 나아가야 한다. 비록 여러 단계의 행동을 거치는 수고를 들여야 하지만, 그렇게 함으로써 마을이 홍수에 쓸려 나가지 않도록 대비할 수 있다. 세상을 변화시키려면 자신부터 변화해야 하고, 스스로 변화하려면 자신이 할 수 있는 긍정적인 행동들을 실천해야 한다.

팝의 제왕 마이클 잭슨이 세상을 떠났을 때, 세상은 '나쁜 소식'을 듣게 되었다. 나는 강의를 할 때 종종 마이클 잭슨의 〈맨 인 더 미러Man in the Mirror〉 뮤직비디오를 보여준 후, 세상을 바꾸기 위해 우리가 어떻게 변화해야 하는지를 가르치곤 했다. 뮤직비디오에 나오는 굶주리는 어린이들, 노숙자들, 전쟁, 그리고 핵무기 사진은 우리 영혼을 헤집어 분노하게 만든다. 이 뮤직비디오는 우리가 하루하루를 좀비처럼 살아가는 '안전지대'에서 나와 변화를 위해 소리치게 만든다. 뮤직비디오에 나오는 장면들은

'나쁜 소식'이지만, 그에 대항할 수 있는 변화는 '좋은 소식'이다.

　나는 온통 부정적인 일만 가득한 이 세상에 긍정적인 메시지를 전한 마이클 잭슨에게 감사한 마음을 가지고 있다. 마이클 잭슨은 이 세상에 없지만, 그의 훌륭한 작품은 언제까지고 남아서 세상을 바꾸도록 우리의 행동을 격려하는 역할을 할 것이다. 우리는 우리가 사는 세상을 더 나은 곳으로 만들기 위해 노력해야 한다. 마이클 잭슨이 말한 것처럼 '스스로 변화하자!'

긍정적인 자세

- 나폴레온 힐

긍정적인 행동은 긍정적인 자세에서 나온다. 따라서 긍정적인 자세는 인생에서 성공하기를 바라는 사람이라면 반드시 가져야 할 태도다. 우리에게 긍정적인 자세보다 더 중요한 것은 없다. 정신 자세는 우리가 통제할 수 있는 유일한 특권임을 인식하고, 마음을 긍정적인 쪽으로 이끌자. 그리고 모든 시련과 실패, 패배와 외로움, 불쾌한 상황은 축복으로 변할 수 있는 '합당한 보상의 씨앗'과 함께 온다는 사실을 늘 기억하자.

과거의 실패나 불쾌한 상황들로 향하는 마음의 문을 닫는 법을 배우자. 그렇게 함으로써 마음을 비우고 긍정적인 자세가 작동할 수 있도록 하자. 자기 인생에서 가장 바라는 것이 무엇인지를 찾고, 지금 당장 자신이 서 있는 자리에서 그것을 얻기 위해 할 수 있는 일을 시작하자. 다른 사람들도 비슷한 일을 하도록 돕고, '최선을 다하는 습관'이라는 마법 같은 성공 법칙을 행동으로 옮기자.

과거와 현재를 통틀어 가장 훌륭한 사람이라고 생각하는 이를 하나 골라 보자. 그리고 그를 자신의 멘토로 삼아서 생활의 모든 부분에서 그를 모방하라.

자신이 원하는 물질적 부유함의 정도를 결정하자. 그리고 그 부를 얻기 위한 계획을 세우자. 이때 너무 많이 바라지도, 너무 적게 바라지도 말자. 물질적인 부를 과하게 바라는 욕심은 많은 사람들을 파멸의 길로 이끌었다.

매일 다른 사람들의 기분을 좋게 만드는 말이나 행동을 실천하는 습관을 들이자. 누군가에게 전화를 걸어 기분을 좋게 만들 수도 있고, 지나가면서 친절한 말을 건넬 수도 있으며, 편지를 쓸 수도 있다. 격려가 필요한 사람에게 좋은 영감을 주는 책을 건네주면 그 사람의 인생을 바꿀 수도 있다.

* 출처 : 〈PMA 성공의 과학PMA Science of Success〉

24. 소소한 기적 리스트

우리들은 '자유'라는 개념을 별 생각 없이 받아들이지만, 진정한 '자유'에는 어마어마한 책임이 따른다.

- 주디스 아르시Judith Arcy

7월의 미국은 온통 축제 분위기다. 전통적으로 미국인들은 독립기념일(7월 4일) 주간에 휴가를 떠나고, 가족을 만나고, 소풍이나 바비큐를 즐긴다. 7월 한 달 내내 뭔가 특별한 일이 일어날 것만 같은 행복한 기대감이 가득하다. 다른 계절의 공휴일과는 달리, 여름의 독립기념일에는 다른 사람들과 어울리며 스트레스를 받을 필요가 없다. 사람들은 그저 자유롭게 휴일을 즐길 뿐이다. 이 분위기에 불꽃놀이, 모래사장, 그릴 위의 햄버거와 핫도그, 따뜻한 여름밤이 더해져 즐거운 분위기가 만들어지고, 사람들은 여유로움을 만끽한다.

평소에는 대수롭지 않게 느껴지는 것들에 관심을 가져 보는 건 어떨까? 새로 깎은 잔디의 향기, 별빛과 달빛, 반딧불이의 불빛, 여름 바람, 꽃과 채소를 심은 정원의 향기 등 이 모든 것들은 계절의 순환에 따라 이루어진다. 하지만 그와 달리 우리는 우리가 씨를 뿌린 것만을 거둔다.

나폴레온 힐이 "농부로부터 교훈을 얻어라. 농부는 땅을 쟁기질 하고, 비료를 주고, 씨를 뿌린 뒤 풍작을 가져다 줄 자연의 응답을 기다린다."라고 말한 것처럼, 우리는 뿌린 대로 거둔다는 점을 기억해야 한다. 토마토 씨를 뿌리면 토마토를 수확하게 되는 것처럼, 자연의 법칙에서 얻을 수 있는 교훈은 명확하다. 우리가 자연의 법칙을 따른다면 늘어나는 소득의 법칙이 작용해서 그에 합당한 보상을 받는다. 그리고 더 오래 기다릴수록 더 좋은 보상이 주어진다. 오래 기다린 만큼 이자가 주어질 것이기 때문이다. 오늘부터 자연으로부터 받은 작은 선물에 감사하는 마음을 가져 보자.

얼마 전, 친구에게 '소소한 기적 리스트'를 메일로 보낸 적이 있다. 예를 들면 향긋한 한 잔의 커피, 오랜 친구에게서 걸려온 예상치 못한 전화 한 통, 바쁜 출근길에 만난 신호등의 파란 불, 식료품점에서 빨리 줄어드는 줄, 찾을 때 바로 나타나는 열쇠, 라디오에서 나오는 좋아하는 노래 한 곡과 같은 것들 모두가 일상의 소소한 기적이다. 자신만의 소소한 기적 리스트를 만들어 보는 것은 어떨까?

마음의 거푸집과 프리즘

- 나폴레온 힐

우리는 의식에 품은 모든 것을 성취할 수 있다. 자연의 법칙과 도덕적이고 질서 정연한 우주와 조화를 이룬다면, 우리는 어떤 것이든 성취할 수 있다.

지구상에서 우리가 존재하는 목적 중 하나는 '무한 지성'으로부터 오는 능력을 받아서 나누기 위한 것이다. 우리가 이 목적을 이루기 위해 노력한다면 자연의 능력과 손을 잡게 된다. 하지만 그와 반대로, 우리가 이기적인 목적을 위해서만 노력한다면 자연의 흐름을 가로막는 것이 된다.

'무한 지성'의 능력은 우리 몸과 마음의 기능이 제대로 작동할 수 있도록 자연의 시스템으로 우리에게 에너지를 불어넣는다. 이 삶의 에너지를 적절히 조절한다면, 살아가면서 겪는 여러 가지 상황을 통제하는데 이 힘을 효율적으로 사용할 수 있다. 무한 지성이 우리에게 선사해 주는 힘에는 한계가 없다. 그리고 우리가 이해하고 받아들일 수 있는 방법으로 스스로를 드러낸다.

알루미늄 합금 조각이 공장의 펀치 프레스에 딱 알맞게 들어

가듯이, 삶의 에너지는 수용적이고 긍정적인 정신으로 들어간다. 이때 잠재적인 삶과 풍요로움, 능력과 부유함이 함께 들어온다. 스탬프 머신이 원재료에 도장을 찍듯이, 우리의 믿음과 신념은 우리의 생각에 도장처럼 찍혀서 계속 남는다.

우리가 받아들이는 것들, 사랑하고 바라는 것들은 생각 속에 지속적으로 남는다. 햇살이 프리즘을 지나며 여러 빛깔의 광선으로 나누어지는 것처럼, 무한 지성 역시 우리의 의식을 지나가면서 여러 가지 형태로 나누어진다. 마음의 프리즘은 걱정이나 두려움, 실패로 인해 어두워질 수도 있다. 이렇게 프리즘이 어두워지면 밝고 행복한 색의 빛들은 막혀 버린다. 서툴게 만들어진 펀치 프레스의 거푸집은 최고의 원재료도 형편없는 조각으로 만들어 버린다. 또한 문제가 있는 프리즘은 밝은 햇살도 그림자로 바꾸어 버린다. 마찬가지로, 무한 지성이 우리의 마음을 지나갈 때 불신과 의심을 품고 있다면, 우리는 삶의 에너지를 고통과 가난, 불행과 질병으로 바꿔 버리게 된다.

자신이 원하는 것을 잘 살펴야 한다. 두려워하는 것이나 원하지 않는 것을 거푸집으로 만들어서 부정적인 것들을 찍어내지 말고, 자신이 원하는 것을 거푸집으로 만들어야 한다. 자신에 대한 믿음을 가지고 원하는 것만 계속해서 생각하고, 원하지 않는 것은 마음에서 제거해야 한다.

* 출처 : 〈PMA 성공의 과학PMA Science of Success〉

25. 마음속의 나침반

잘 조직된 생각은 그 어떤 것보다도 값지다. 잘 조직된 생각, 명확한 목표로 향하는 생각, 현명한 행동으로 이끄는 생각에는 엄청난 힘이 있다. 성공철학의 바탕에 단 하나의 비결이 있다면, 그것은 바로 '현명한 행동으로 이끄는 생각'이다. 생각 없는 행동이나 행동 없는 생각은 우리에게 성공을 가져다 줄 수 없다. 생각과 행동이 함께 가야만 원하는 것을 이룰 수 있다.

나는 이 개념을 설명할 때, 에드거 엘런 포Edgar Allan Poe의 시 〈엘도라도Eldorado〉를 예로 든다.

화려하게 장식한
용감한 기사
햇빛과 그림자를 지나
기나긴 여행을 계속했다네.
노래를 부르면서

엘도라도를 찾아서.

그러나 나이가 들어 늙게 된

용감한 기사.

그 가슴 위에

검은 그림자가 드리웠네.

엘도라도를 보지 못한 채.

어느덧 기력이 다했을 때

기사는 순례의 그림자를 만났다네.

그리고 물었다네.

"그림자여, 엘도라도는 도대체 어디에 있는가?"

그림자가 답했다네.

"엘도라도를 찾고 싶다면,

저 달이 비치는

산과 산을 넘어서

그림자 진 골짜기를 내려가

겁내지 말고 계속 말을 몰아라."

　처음 이 시를 읽으면, 시인이 무엇을 말하고자 하는지 파악하기가 쉽지 않다. 황금의 땅, 엘도라도를 찾아내는 임무를 받은 용감한 기사는 처음에는 옳은 길로 가고 있는 것처럼 보인다. 그러나 시간이 지나면서 자신의 좌표가 틀렸을지도 모른다는 생각에 머뭇거리게 된다. 잘못된 정보를 받은 것일까? 왕이 잘못된 좌표를 주었을까? 기사가 비현실적이고 멍청한 것일까? 아니면 이 요소들이 모두 작용했을지도 모른다. 사실, 진짜 문제는 기사의 마음에 있었다. 기사의 마음속 나침반과 북극성이 서로 일치하지 않았던 것이다. 또한 기사는 정확한 생각을 사용하지도 않았다. 하지만 그는 생각도 가지고 있었고, 그 생각을 행동으로도 옮겼다. 그렇다면 무엇이 문제였을까? 그 해답은 기사의 행동이 명확한 목표와 결합된 현명한 생각에서 나오지 않았다는 것이다.

그림자가 나타났을 때, 기사는 더 자세한 지시를 받았지만 길을 찾는 건 그 전보다 더 어려워졌다. 아마 기사 앞에 나타난 그림자는 목적지에 닿지 못할 거라고 좌절하는 기사의 옛 모습을 상징하는 것인지도 모른다. 어디로 가는지도 모르는데, 어떻게 목적지에 도달할 수 있겠는가?

풍요로움에 도달하고자 하는 우리의 여정에서, 우리도 이 시에 나오는 기사처럼 될 수 있다는 점을 생각해 보자. 여정을 떠나기 전에 그 지역을 자세히 조사했는가? 자신이 무엇을 찾고 있는지 정확히 아는가? 자신이 가고자 하는 방향과 계획은 구체적이고, 잘 조직되어 있는가? 계획을 달성하는데 충분한 시간과 합리적인 기한을 설정했는가? 여정 중에 자신이 얼마나 발전했는지 알아볼 수 있는가? 앞으로 나아가면서 스스로에 대해 더 많이 알게 되었는가?

뒤에 나올 나폴레온 힐의 이야기에서는 '삶의 12가지 풍요로움'이 제시된다. 당신이 꿈꾸는 삶의 목표는 12가지 풍요로움과 일치하는가? 아니면 거리가 먼가?

희망을 품고 바라는 것은 좋은 시작점이지만, 도착점이 좋을 것이라는 보장은 없다. 삶의 여정을 떠나기 전에 따라갈 만한 가치가 있는 삶의 지도를 가지고 있는지 먼저 확인하라.

생각 길들이기
- 나폴레온 힐

생각은 물질적이든, 정신적이든, 영적이든 모든 풍요로움의 원천이 된다. 생각은 사람들이 삶의 12가지 풍요로움(긍정적인 자세, 신체적 건강, 인간관계의 조화, 두려움으로부터의 자유, 성공의 희망, 믿음, 축복을 나누려는 의지, 봉사활동, 오픈 마인드, 자기 수양, 다른 사람을 이해하는 능력, 재정적인 안정)을 이용하도록 만드는 수단이다. 하지만 생각은 잘 짜여서 명확한 목표를 향해 나아갈 때만 풍요로움을 가져오는 수단이 된다. 빛을 밝히는 전기처럼, 생각은 무언가를 파괴할 수도 만들어 낼 수도 있는 능력이다. 전기는 산업을 이끄는 수레바퀴이자 빛을 어둠으로 바꾸는 축복인 동시에 어떻게 사용하느냐에 따라 목숨을 빼앗을 수도 있다.

생각 또한 마찬가지다. 세상에는 생각을 나쁜 방향으로 사용해서 자살을 선택하는 사람들도 있다. 심리학자들은 생각을 부정적으로 사용하면 가난과 고통을 얻게 된다는 사실을 밝혀냈다. 세상은 전기의 법칙과 사용법을 알아내는데 많은 시간을 필요로 했지만, 결국에는 전기를 길들이고 사용하는 방법을 알아

냈다. 마찬가지로, 우리가 사는 세상은 생각의 힘을 어떻게 길들이고 사용하는지를 배워 가는 중이다.

사람들은 평생에 걸쳐 풍요로움을 찾기 위해 애쓴다. 풍요로움의 원천인 생각이 아주 가까이 있다는 것을 모르는 채 말이다. 이것은 추측이 아니라, 생각의 힘을 깨닫고 잘 사용해서 문제를 해결한 사람들이 증명한 사실이다. 그러나 대부분의 사람들은 '생각'의 힘을 깨닫지 못한 채 살아간다.

우리는 훌륭한 인물들을 친구로 가짐으로써 '생각'이라는 무한한 능력의 원천을 얻을 수 있다. 위대한 사상가들은 이 원칙을 깨닫고 마음의 힘을 증폭시키기 위해 훌륭한 친구들과 어울렸다. 그들은 영적 조언가, 재정적 조언가, 건강 조언가, 그리고 개인적인 조언가를 비롯한 적어도 네 명 이상의 훌륭한 인물들과 어울렸다. 이 외에도 명확한 목표의 영역과 본질이 무엇이냐에 따라 당신에게는 기술 조언자, 직업 조언자를 비롯한 다른 종류의 훌륭한 친구이자 조언자가 필요하다.

* 출처 : 〈PMA 성공의 과학PMA Science of Success〉

26. 첫 시도의 마음가짐

나폴레온 힐의 가르침과 글은 시대를 뛰어넘어 영감을 주는 삶의 교
훈이다. 그 교훈들은 지금까지도 우리에게 적용된다.
- *리처드 반타Richard Banta*

자신에게 이런 질문을 던져 보자.
'어떻게 하면 내가 가진 것들을 최대한 이용할 수 있을까?'

이 질문은 당신을 새롭고 긍정적인 방향으로 이끌 것이다. 완
벽주의는 기분을 상하게 만들 뿐만 아니라, 삶의 여러 부분에서
실패를 경험하게 만든다. 마음속에 그리는 '완벽한 결과'가 너무
벅차서 시작하기조차 망설여진다면 결코 성공할 수 없다. 완벽
한 결과를 마음속에 그리는 것보다는 한 단계씩 완성해 나가는
편을 택하는 것은 어떤가?

예를 들어 집안 청소를 할 때, 대충 날림으로 해치우는 것으로
도 충분할지 모른다. 음식을 준비하는 경우를 생각해 보자. 물
론 집에서 조리하는 음식이 가장 건강한 음식이겠지만, 잘만 고
른다면 식당 음식도 괜찮을지 모른다. 동물을 돌볼 때는 어떤
가? 매일 직접 털 손질을 해주는 것보다는 가격이 괜찮다면 애

건 숍에 맡기는 것이 좋을 수도 있다. 자동차를 관리할 때, 쓰레기 봉지를 차에 두면 쓰레기가 쌓이는 것을 막을 수 있다. 이런 것들은 그저 상식에 불과하다. 하지만 당신은 이런 아이디어들을 삶에 적용해 보지는 않았을 것이다. 대부분의 사람들이 성공으로 향하는 행동을 연속선상에 있는 것으로 보지 않고 0퍼센트 아니면 100퍼센트로 보기 때문이다. 이런 생각은 우리를 지치게 만들고, 결국에는 성공으로 향하는 대열에서 떨어져 나가게 만든다.

긍정적인 결과를 향해 차근차근 올라가는 눈금을 보지 못한다면, 연료가 떨어진 기차처럼 무기력한 사람이 되어 버릴 것이다. 삶의 여정에서 길을 잃지 않으려면 어떤 훈련을 해야 할까? 앞에 나왔던 질문을 던지는 것처럼, 쉬운 일부터 시작해 보자.

'어떻게 하면 내가 가진 것을 최대한 이용할 수 있을까?'

변호사로 성공한 리처드 반타는 사업이 기대에 미치지 못했을 때, 포기하지 않고 더욱더 최선을 다했다. 그리고 과거의 실패에서 배운 점들을 새로운 사업에 적용함으로써 한 단계씩 앞으로 나아갔다. 첫 시도가 완벽하지 않았다고 한탄하는 것보다 이렇게 하는 것이 훨씬 더 낫지 않은가? 우리는 경험으로부터 배울 수도 있고, 경험으로부터 패배할 수도 있다. 경험으로부터 배울 것인지, 패배할 것인지를 스스로 결정할 수 있다는 점을 기억하자.

오늘 당신 앞에 놓인 일은 무엇인가? 그 일과 어떻게 씨름할 것인가? 그 일을 완벽하게 해야 한다는 생각은 하지 말자. 만약 당신이 설거지를 했다면 바람에 접시가 마르도록 그냥 내버려 두면 된다. 빨래를 했다면 다림질은 나중에 하면 된다. '시작이 반'이라는 말을 믿자. 완벽한 결과를 그리느라 멈춰 서지 마라. 목표를 향해 한 번에 한 걸음씩 내딛는다면, 결국에는 긍정적인 결과를 만날 수 있을 것이다. 물론 성공은 하루 또는 한 주 안에, 혹은 한 달 안에 이루어지는 간단한 일이 아니다. 하지만 일을 시작할 완벽한 기회만 기다린다면 영원히 성공할 수 없다. 우리가 성공의 입구로 들어갈 때, 완벽한 결과는 그저 입구의 장식품이 될 뿐이라는 점을 기억하자.

실패와 마주쳤을 때

- 나폴레온 힐

실패와 마주쳤음을 알아차리는 순간이야말로 인생에서 가장 중요한 순간이다. 그 순간은 우리에게 미래의 성공 가능성을 예측하는 믿을 만한 수단을 제공하기 때문이다. 실패를 '한 번 더 노력해 보라'는 격려로 받아들이고 자신감과 투지를 새롭게 한다면, 성공은 시간문제일 뿐이다. 하지만 실패가 자신감을 밟아 버리도록 내버려 둔다면, 성공하려는 희망을 애초에 버려야 한다.

인생에서 마주치는 실패는 삶을 변화시키는 터닝 포인트다. 실패는 자신감을 새롭게 할 필요성을 제시하고, 자신감이 얼마나 부족한지를 드러내기 때문이다. 뿐만 아니라, 실패는 자만심을 버리도록 돕는다. 하지만 우리는 자만심과 자립심을 구별해야 한다. 실패가 닥쳤을 때 포기해 버리는 사람은 자만심과 자립심을 오해한 사람이다. 당신 주변의 누군가가 자립심이 뛰어나다면, 그는 훌륭한 성품도 가지고 있을 것이다. 좋은 특성은 다른 훌륭한 성품 또한 끌어들이기 때문이다. 그리고 훌륭한 성품을 가진 사람은 맞서 보지도 않고 그만두는 일은 결코 하지 않는다.

교육, 기술, 그리고 경험은 여러모로 유용한 자산이다. 하지만 실패에 직면했을 때 사막의 아랍인들처럼 천막을 치고 그 안으로 숨어 버리는 사람에게는 아무런 가치가 없다. 분명한 목표와 믿음, 투지가 있는 사람도 종종 자기 손을 벗어난 상황에 휘말려 '인생'이라는 강의 성공 영역에서 벗어나는 경우가 있다. 하지만 그런 경우, 그 실패는 오래 가지 않는다. 그런 사람은 실패에 대처하는 정신력이 매우 강인해서 자신이 있어야 할 곳인 성공 영역으로 금방 돌아오기 때문이다.

실패와 시련은 좋은 상황에서는 깨닫지 못했던 기회를 준다. 실패에 대처하는 정신 자세는 '인생'이라는 강에서 성공 영역의 물살을 탈 것인지, 아니면 실패의 물살에 휩쓸려 갈 것인지를 결정하는 중요한 요소다.

성공과 실패를 가르는 상황은 너무나 사소해서 때때로 우리는 진짜 원인을 놓치고 만다. 대부분의 경우, 그 원인은 일시적 실패에 대처하는 정신 자세에 달려 있다. 긍정적인 자세를 가진 사람은 실패를 그대로 받아들이지 않고 투지의 정신으로 실패에 대항한다. 하지만 부정적인 자세를 가진 사람은 패배를 그대로 받아들이고 만다.

긍정적인 자세를 가진 사람은 마음에 품은 것을 반드시 이룬다. 마음에 품은 일이 신의 법칙과 인간의 권리를 침해하지 않는

한, 긍정적인 사람은 그 일을 반드시 이루어 낸다. 긍정적인 자세를 가진 사람은 많은 실패를 경험하더라도 결코 항복하지 않는다. 오히려 실패를 성공의 영역으로 더 멀리 뛰어오를 디딤돌로 바라본다.

* 출처 : ⟨PMA 성공의 과학PMA Science of Success⟩

27. 자기 암시 되감기

마음을 침착하게 유지하면 무의식이 말을 걸 수 있는 기회를 가질 수
있다. 무의식은 직감을 통해서 우리에게 말을 건다.

- 레이 스텐달Ray Stendall

하루에도 몇 번씩 긍정적인 자기 암시를 되풀이하면
오래된 레코드에 홈이 파이듯 머릿속에도 길이 생겨난다. 그러
고 나면 언제든 긍정적인 자세가 필요할 때, 그 자기 암시를 '되
감기'만 하면 된다. 클레멘트 스톤은 이 사실을 잘 알고 있었고,
항상 '나는 건강하다', '나는 행복하다', '나는 훌륭하다'는 말을 되
뇌었다. 또한 그가 강조했던 '지금 당장 행동하라!'는 말은 우리
를 성공의 길로 들어서게 만든다.

'자기 암시'에 대해 아직도 회의적인가? 그렇다면, 단 한 주 만
이라도 시도해 보라. 그리고 자신의 마음이 어떻게 긍정적으로
변했는지 살펴보라. 시도해 본다고 잃을 건 아무것도 없다. 미국
의 위대한 사상가 에머슨은 "행동하면 힘을 얻는다!"라고 말했
다. 당신이 성공하기를 원한다면 마음속에 성공을 끌어들여라.
뜻을 품고, 믿음을 가지고 행동하라!

내가 개인적으로 사용하는 자기 암시 문구를 소개해 보려고

한다. 이 예시들을 사용해도 좋고, 자신만의 자기 암시 문구를
만들어도 좋다.

원하는 것만 계속해서 생각하고, 원하지 않는 것은 마음에서 떼어내자.
'나는 원하는 것만 계속해서 생각하고, 원하지 않는 것은 마음에
서 떼어낸다.'
명확한 목표를 정하고, 세상이 얼마나 빨리 자신을 돕는지 살펴보자.
'나는 명확한 목표가 있고, 모든 문은 내 앞에서 순순히 열릴 것이다.'
모든 일이 가능하다고 믿는 사람 앞에서는 모든 일이 가능할 것이다.
'나는 모든 일이 가능하다는 것을 알고 있다.'
성공하는 비결은 실천하는 것이며, 생각을 잘 조직하고 행동하는
것이다. 행동하라! 또 행동하라!
'나는 먼저 생각하고 행동한다.'
지금 당장 행동하라! 누군가가 당신에게 그렇게 하라고 말하기 전
에 먼저 행동하라.
'나는 지금 즉시 행동한다.'
당신은 자기 운명의 주인이다. 당신은 주변 환경에 영향을 미치
고, 통제하고, 감독할 수 있다. 당신은 자기 인생을 원하는 대로
만들어 나갈 수 있다.
'나는 내 생각과 감정을 통제함으로써 운명을 조절한다. 나는 최
고의 선과 조화를 이루어 행동한다.'
불행에 대해 불평하는 것은 결국 불행을 더 불러온다. 잠자코 있

음으로써 불행이 들어올 틈을 주지 마라.

'나는 성공에 대해서만 생각한다.'

삶의 풍요로움은 생각으로부터 나온다.

'내 생각들은 보물이다.'

오늘 생각하는 대로 내일 이루어진다.

'나는 긍정적으로 생각하고, 긍정적인 결과들만 얻는다.'

당신은 생각의 습관 때문에 지금 이 자리에 있는 것이다.

'내 생각들이 내 인생을 만든다.'

자기 암시와 주의력 조절
- 나폴레온 힐

삶에서 일어나는 여러 가지 상황들은 우리에게 많은 영향을 미친다. 뿐만 아니라, 우리는 그 상황의 일부가 되기도 한다. 그 상황과 우리를 중재하는 존재는 바로 '자기 암시(의식적으로든 무의식적으로든 스스로에게 하는 암시)'다.

자기 암시는 우리 기억 속에 남아서 모든 생각을 기록하고, 부정적이든 긍정적이든 그 생각을 우리 성품의 일부로 만든다. 또한 우리가 듣는 모든 말을 기록하고, 긍정적이든 부정적이든 무언가 의미를 낳는다. 뿐만 아니라 오감을 통해 보고 느끼는 모든 것에 대한 생각의 반응을 기록한다. 다시 말해, 우리가 물질적인 환경들에서 느끼는 모든 감정을 기록한다.

우리가 어떤 것에 인위적으로 주의를 기울이면 그것은 우리 환경에 영향을 미친다. 예를 들어, 가난에 주의를 기울이면 그 영향은 자기 암시를 통해 무의식으로 들어간다. 만약 가난에 대해 생각하는 습관이 계속되면, 마음은 가난을 어쩔 수 없는 상황으로 받아들이게 되어 결국에는 '의식적으로' 가난해진다. 이렇게 해서 수많은 사람들이 스스로 가난의 삶으로 들어간다. 그렇지만 가난 대신 풍요로움에 대해 생각할 수 있다는 것을 늘 기억하자.

자기 암시의 원칙은 반복하는 생각이 의식에 고정되는 것과 같은 원리다. 즉 자주 반복하는 생각이 주의력 조절을 통해 의식에 고정되는 것이다. 예를 들어, 풍요로움과 경제적 안정에 대해서만 생각하는 습관은 의식적으로 스스로를 풍요로워지도록 만든다.

따라서 긍정적이고 명확한 목표에 대해서만 생각해야 한다. 그리고 매일의 생각 습관을 통해 명확한 목표에만 초점을 맞추자. 그렇게 한다면 그 목표에 따라 행동하도록 무의식을 강화할 수 있다. 반복해서 말하고 생각할 때, 무의식은 긍정적이든 부정적이든 그 생각을 실천하도록 만든다. 그 결과, 생각은 그에 상응하는 물질적인 것으로 실체화 된다.

* 출처 : 〈PMA 성공의 과학PMA Science of Success〉

28. 목표에 초점 맞추기

무기력하고 열정이 부족할 때, 스스로에게 이런 질문을 던져 보라.
'지금 내 삶을 의미 있게 만드는 것은 무엇인가?' 당신이 열정을 되찾
기 위해 무엇이 필요한지 알려 줄 것이다.

- 마크 샌본Mark Sanborn

카메라로 사진을 찍어 본 적이 있는가? 좋은 사진을
찍으려면 무엇보다 초점을 잘 맞춰야 한다. 렌즈를 미세하게 조
정하면 피사체는 마음속에 있는 이상적인 사진의 모습과 점점
더 비슷해진다. 마음의 화면에 품은 것을 프레임 안에 잡으려고
노력할 때, 마음속의 사진은 현실이 된다. 흥미롭게도 마음속의
목표가 이루어지는 과정은 사진을 찍은 과정과 매우 비슷하다.

목표의 초점을 잘 맞출수록 더 좋은 결과를 얻게 된다. 정기적
으로 초점을 맞추려면 앞서 다룬 주의력 조절이 필요하다. 이 기
술을 한 번 익히면 원칙을 적용하여 각자의 분야에서 정통해질
수 있다. 자신이 맡은 일을 훌륭하게 수행하려면 맡은 임무에만
초점을 맞추어야 한다. 요리를 하든, 운전을 하든, 그림을 그리
든 간에 그 임무에만 초점을 맞추는 것이다. 여기서 목표의 초점
을 맞춘다는 것은 마음속에서 인지적 능력을 자신이 원하는 결

과와 나란히 놓는 것을 의미한다.

학창 시절로 잠시 돌아가 보자. 학교에서 선생님이 "집중!"이라고 크게 말하던 것을 기억하는가? 선생님이 하던 그 말은 학생들을 멍한 상태에서 깨어나 현실의 수업으로 돌아오게 하려는 것이었다. 물론 창의적인 상상력이 필요한 시간과 장소도 있지만, 성공하기 위해 일하는 동안에는 집중하는 것이 중요하다. 맡겨진 임무에 세심한 주의를 기울이면 스스로 의식의 주인이 된다. 하지만 집중하지 않고 느슨한 자세를 보인다면 '의식'이라는 배의 선장이 될 수 없다. 그렇게 된다면 의식의 상태는 아무도 없는 채로 남겨질 테고, 조만간 위기의 순간이 닥칠 것이다.

시간을 나눠서 집중하는 연습을 해보자. 마지못해 하고 있는 일이 있다면 15분, 30분, 혹은 60분 동안만이라도 최선을 다해서 해보겠다고 스스로 다짐해 보자. 처음에는 편안한 시간을 맞춘 다음 그 시간 동안 집중해서 일해 보자. 일단 시간 조절에 익숙해져서 긍정적인 결과들이 나오기 시작하면 목표에 집중하는 것이 얼마나 중요한지를 알게 된다. 목표에 집중함으로써 스스로 '의식'이라는 배의 키를 잡고 선택한 목표를 향해 항해할 수 있다는 사실을 알게 될 것이다.

집중하고, 집중하고, 또 집중하라. 그렇게 한다면 삶의 여정은 당신이 원하는 목적지를 향해 나아갈 것이다. 오직 자신만이 삶을 이끌 수 있다.

마음의 힘

- 나폴레온 힐

주의력 조절은 모든 분야의 활동에서 상승효과로 나타난다. 주의력 조절을 통해 명확한 목표를 성취하는 일에 초점을 맞출 수 있기 때문이다. 또한 주의력 조절은 최고의 자기 조절 수단이라고 할 수 있다. 자기 마음을 통제할 수 있는 사람이 세상 모든 일을 통제할 수 있다는 것은 익히 알려진 사실이다. 소설가 해리엇 비처 스토Harriet Beecher Stowe는 주의력 조절에 대해 이렇게 말했다.

"궁지에 빠져서 모든 것이 당신을 등질 때, 더 이상 1분도 견딜 수 없다고 느끼기 전까지는 절대 포기하지 마라. 그때야말로 바로 물살이 달라질 때다."

긍정적으로 상황을 바라본다면 물살은 언제나 당신 편으로 흐를 것이다. 우리의 마음 상태는 물살을 유리한 쪽으로 돌리는 것과 관련이 있다. 고대 철학자 플라톤은 마음 상태를 이렇게 표현했다.

"가장 멋진 승리는 자기 자신을 정복하는 것이다. 그러나 자기 자신에게 정복당하는 것이야말로 가장 부끄럽고 용납할 수 없는 패배다."

역사학자 프랜시스 파크먼Francis Parkman은 마음의 능력, 특히 주의력 조절을 통해 발휘할 수 있는 능력에 대해 이렇게 말했다.

"짧은 인생에서 뭔가 대단한 일을 하려는 사람은 항상 자신의 힘을 집중해서 사용해야 한다. 이 일은 그저 즐기기만 하는 게으른 구경꾼들에게는 미친 짓으로 보일 뿐이다."

소설가 워싱턴 어빙Washington Irving 또한 마음의 힘에 대한 자신의 생각을 이렇게 표현했다.

"대인大人은 목적을 가지고 있지만, 소인小人은 그저 바람만 가지고 있다. 소인은 불행 앞에 굴복하지만, 대인은 불행에 굴복하지 않는다."

집중을 통해 드러나는 주의력 조절의 잠재적 능력은 무수히 많다. 하지만 그중에서도 명확한 목표에 집중했을 때 드러나는 능력보다 중요한 것은 없다. '주의력 조절'이라는 두 단어에 숨겨진 특별한 능력은 우리가 스스로 정한 한계를 뛰어넘게 만든다. 대부분의 사람들이 스스로 정한 한계를 받아들이고 말 때, 당신은 주의력 조절을 통해서 한계를 뛰어넘을 수 있다.

* 출처 : 〈PMA 성공의 과학PMA Science of Success〉

29. 삶이 주는 보상

세상에는 악한 것들이 넘쳐난다. 만약 당신이 도덕적 나침반을 관리하지 않는다면, 파괴적인 행동으로 이끌려 갈 것이다. 그리고 파괴적인 행동들은 마음속 도덕의 빈자리로 밀려들어 올 것이다.

- 엘리 에셀 알퍼스테인Elizer A. Alperstein

자녀들에게 삶이 주는 보상에 대해 가르칠 때, 삶이 주는 불이익에 대해서만 가르치는 사람들이 많다. 두려움을 바탕으로 하는 교육은 부정적인 영향을 주는 반면에 신뢰를 바탕으로 하는 교육은 긍정적인 영향을 준다. 우리가 두려움에 가득 차 있든 신뢰에 가득 차 있든 간에, 일어나게 되어 있는 일은 일어나기 마련이다. 그러나 기대는 현실을 만들고, 우리는 선택을 통해 성품을 만들어 나갈 수 있다. 그리고 성품은 자신의 운명을 결정짓는다. 이는 말로 하기는 쉽지만 이해하고, 내면화하고, 행동으로 옮기기는 어려운 개념이다.

남과 북, 안과 밖, 네와 아니오, 긍정과 부정, 감정과 지식, 공포와 믿음처럼 삶의 양극성을 생각해 볼 때, 우리는 과연 양쪽이 모두 필요한지에 대해 의문을 품게 된다. 물론 양쪽은 모두 필요하다. 선함을 택할 때, 악함 또한 존재함을 인정해야 한다. 촛불을 밝힐 때, 우리는 어둠이 존재한다는 것을 보게 된다. 웃음을 터뜨릴 때, 울음을 터뜨릴 때도 있다는 것을 알아야 한다. 이와 비슷하게 긍정적인 삶을 살고 싶다면 부정적인 면이 있다는 것을 인정하고 그것으로부터 등을 돌려야 한다.

아이들에게 선택하는 법을 가르칠 때, 반드시 그 선택의 결과에 대해서도 가르쳐야 한다. "착하게 행동해야 해!"라고 말하는 것만으로는 충분하지 않다. 그것만으로 아이들을 가르칠 수 있다면 세상은 살아가기 쉬운 곳이 될 것이다. 때때로, 아이와 어른을 막론하고 사람들은 나쁜 행동에 대한 보상을 받기도 한다. 그렇게 되면 그들은 특별한 관심을 받는다는 생각에 계속 그 행동을 되풀이한다. 따라서 나쁜 행동에 대해 보상을 주는 것은 바람직하지 않다. 부모들은 이 점을 명심해야 한다. 아이가 결과를 교묘하게 조종하는 선택을 할 때는 보상을 주지 말고, 좋은 선택을 할 때만 보상을 주어야 한다.

나폴레온 힐은 "우주는 무기력과 공백을 싫어한다."라고 말한 적이 있다. 삶의 보상을 가져오는 좋은 행동들은 인생의 목표를 채우는 활동에 한몫을 할 수 있다. 당신이 선택한 방향으로 한 걸음씩 나아가며 그 길에서 만나는 빈 공간들을 채운다면 큰 보상을 얻을 것이다. 역사상 가장 위대한 사람들은 모두 그런 길을 걸었다. 그 길을 걷는 방법은 간단하다. 필요한 곳을 찾아서 비어 있지 않도록 채우면 된다.

이번 주에 당신이 해야 할 숙제는 필요한 곳을 찾아서 채움으로써 삶이 선사하는 보상으로 한 걸음 나아가는 것이다. 당신은 강아지의 물그릇을 채우는 쉬운 일부터 시작해서 친구의 장례식에서 감동적인 조사를 하는 일처럼 어려운 일까지 나아갈 수 있다. 내 친구 아네디아는 장례식에서 조사弔辭를 해 본 적이 없다는 사실을 인정하고 언젠가는 직접 해보기 위해 노력하고 있다. 장례식 참석자들이 친구의 삶에서 가장 아름답고 훌륭했던 순간들을 나눌 수 있도록 말이다.

당신이 추구하기로 한 것이 무엇이든 간에, 삶의 불행한 일들이 자신을 짓누르지 못하게 하라. 오히려 삶의 보상들이 당신을 더욱 나은 인생으로 이끌게 하라. 그렇게 한다면 당신은 복리 이자로 계산한 보상을 받게 될 것이다.

어느 쪽을 선택할 것인가?

- 나폴레온 힐

자연이 싫어하는 두 가지 나쁜 특성은 '공백(비어 있음)' 과 '게으름(실천 부족)'이다.

우리 몸의 근육을 사용하지 않으면 위축되어서 쓸모없게 된다. 마찬가지로 팔을 사용하지 않으면 약해져서 쓸모없게 된다. 우리 몸을 관장하는 이와 같은 법칙은 생각을 조직하고 끌어내는 뇌 또한 관장한다.

긍정적인 자세는 어떻게든 할 수 있는 방법을 찾는 반면, 부정적인 자세는 어떻게든 할 수 없는 방법을 찾는다.

우리는 원하는 것에 관련된 생각을 조절하면서 뇌를 사용할 수도 있고, 원하지 않는 부정적인 생각이 자라나도록 뇌를 사용할 수도 있다. 이런 상황에서 우리에게는 선택권이 있다. 생각의 능력을 손에 넣을 수도 있고, 원하지 않는 상황이나 기회에 영향을 받을 수도 있다. 하지만 그저 게으르게 앉아서 둘 중 어떤 영향도 받지 않고 있을 수는 없다.

자연 법칙에 따라 우리는 원하는 생각에 정신을 고정시킬 수 있다. 그리고 목적을 성취하기 위한 계획을 만들어 낼 수도 있다. 그렇게 한다면 자연은 '보상'이라는 결과물로 우리의 노력에 보답한다. 하지만 게으름을 싫어하는 자연은 게으른 사람들에게 불이익을 가져다준다. '성공은 더 많은 성공을 끌어들이고, 실패는 더 많은 실패를 끌어들인다'는 말은 바로 이러한 자연의 법칙에서 나온 것이다. 성공이 더 많은 성공을 끌어들이고, 실패가 더 많은 실패를 끌어들이는 이유는 명확하지 않지만 당신은 그런 상황을 여러 번 목격했을 것이다.

당신이 긍정적인 자세를 가지고 성공을 권리로 여긴다면, 그 믿음은 틀림없이 성공의 길로 이끌 것이다. 하지만 부정적인 자세를 가지고 두려움과 절망에 대한 생각으로 마음을 가득 채운다면, 당신의 마음은 원하지 않는 생각들이 만들어내는 불이익을 끌어당기게 된다.

만약 마음을 통제하고 조절하는 일을 시도해 보지도 않고 사방에서 오는 모든 영향을 받게 된다면, 마음을 조절하지 않고 방치한 행동에 따르는 불이익을 받게 될 것이다. '보상'과 '불이익'이라는 두 개의 봉인된 봉투 중에서 당신은 어떤 봉투를 선택할 것인가?

● 마음을 조절하고 목표를 향해 나아가는 이들을 위한 보상

1. 더 많은 성공을 끌어당기는 성공 가도를 갈 수 있는 특권
2. 정신적, 신체적 건강
3. 재정적인 안정
4. 자신을 표현하기 위해 스스로 하는 일
5. 마음의 평화
6. 두려움을 없애는 믿음
7. 오래 지속되는 우정
8. 균형 잡힌 삶과 장수
9. 모든 한계에 대한 면역력
10. 자신과 타인을 이해하는 지혜

● 마음 조절과 목표 설정을 게을리한 사람들이 치러야 할 대가

1. 삶의 고통과 가난
2. 정신적, 신체적 질병
3. 스스로를 보통 사람으로 만드는 한계
4. 파괴적인 형태의 두려움
5. 직업에 대한 불만
6. 적은 늘어나고, 친구는 떠나감

7. 인간에게 주어진 모든 걱정들

8. 부정적인 영향으로 입는 피해

9. 다른 사람의 뜻에 따라 행동하는 노예 상태

10. 쓸모없이 살아가는 인생

이상의 목록은 마음 자세를 어떻게 갖느냐에 따라 주어지는 보상과 불이익 목록이다. 당신은 어느 쪽을 선택하겠는가?

* 출처 : 〈PMA 성공의 과학PMA Science of Success〉

30. 결정의 순간

도덕적으로 옳은가, 그른가를 고민해야 하는 일이라면 옳지 않은 일일 가능성이 높다.

- 그렉 리드Greg Reid

당신은 결정을 내리는 일 때문에 성공으로 향하는 길에서 멈춰 서 있는가? 일을 어떻게 진행할지 결정하는 일을 미루기만 하는가? 어떤 결과의 장점과 단점을 재느라 시간만 보내고 있는가? 중요한 결정을 해야 하는 순간에 망설이고 있는가?

만약 자신이 불안에 가득 차 스트레스를 받고 있거나 정신이 산만해서 집중이 힘들다면, 당신은 결정을 내리고 그 결과를 받아들이는 법을 다시 배워야 한다. 이러한 성격의 결함을 바로잡는다면 당신은 더 나은 사람으로 거듭날 수 있다.

나폴레온 힐은 사람들이 실패를 겪는 가장 큰 요인 중의 하나는 '결정을 내리지 못하는 무능함'이라고 지적했다. 결정을 내리는데 필요한 요소들이 손 안에 있는데도 정확하고 신속하게 결정을 내리지 못하는 무능함 때문이라는 것이다. 결정을 내리는데 필요한 모든 정보를 모으고, 중요한 정보와 중요하지 않은 정보를 분류하고 나면 그 자리에서 즉시 결정을 내리고 뒤돌아보지 말아야 한다. 결정을 내리는 건 차를 운전하는 것과 같다. 일단 목적지를 향해서 출발하면 다른 방향으로 운전해서는 안 되는 것처럼 말이다.

지금 당장 필요한 결정을 내리겠다고 다짐하라. 합리적인 일정을 정하고, 정보를 모은 후 그 정보를 분류하라. 그러고 나서 그 정보들을 잘 검토한 후 결정을 내려라. 설령 잘못된 결정을 내리더라도 아예 결정을 내리지 않는 것보다 낫다. 아예 결정을 내리지 않으면 관망하는 사람이 되지만, 결정을 내리면 적극적으로 행동하는 사람이 되기 때문이다. 결정을 하는 순간 당신은 우주의 힘을 얻게 된다. 스스로 내린 결정을 이루기 위해 우주로부터 오는 힘을 모으는 자석이 되는 것이다.

이제부터 당신이 어떤 결정을 내릴지 기대가 된다. 결국 결정을 내리는 주체는 자신이다. 결정은 결과를 만들어 내기 마련이다. 좋은 결과를 만들어 내는 결정을 내려 보자.

결정은 신속하게

- 나폴레온 힐

결정을 내리지 못하는 사람은 성공하지도 못할 뿐더러, 사람들에게 인기도 없다. 함께 행동할 것인지 아닌지도 결정하지 못하는 사람에게 끌리겠는가? 결정을 하지 못하는 사람은 다른 사람에게 해를 끼치는 사람이다. 만약 이런 사람과 뭔가를 함께하기로 했다고 생각해 보자. 그의 망설임 때문에 활동에 참여한 다른 사람들은 불안감을 느낄 것이다. 그리고 결국에는 계획을 실행해야 하는지 말아야 하는지 모를 애매하고 불편한 상황에 놓이게 된다.

신속한 결정을 내릴 수 있는 능력은 유쾌한 성품을 이루는 중요한 요소로서, 성공한 사람들이 보여주는 특성이기도 하다. 신속한 결정 능력은 자기 수양과 자신감, 긍정적인 자세를 통해 배양되고, 모든 성공의 시작점인 '명확한 목표'와도 밀접한 관련이 있다.

우리는 모든 분야에서 기회가 넘치고, 모두가 성공할 수 있는 사회에 살고 있다. 하지만 기회는 당신을 기다려 주지 않는다.

비전을 가진 사람이라면 기회가 찾아왔을 때 신속하게 결정을
내리고 앞으로 나아가야 한다.

* 출처 : 〈PMA 성공의 과학PMA Science of Success〉

31. 일곱 가지 행동

뭔가를 바라기만 하는 태도와 바라는 것을 받아들일 준비가 되어 있는 태도에는 큰 차이가 있다. 그 차이는 바로 믿음의 유무다. 무엇이든 가능하다고 믿는다면, 무엇이든 가능해질 것이다.

- 리처드 크라스니Richard Krasney

어떤 일도 '그냥' 일어나지 않는다. 당신은 성공을 포함한 일들이 일어나게 만들어야 한다. 성공은 '할 수 있다'고 믿는 사람이 잘 계획하고 꾸준히 노력해서 행동을 취한 결과이다. 나폴레온 힐이 제시한 성공으로 향하는 마법 같은 비결들을 소개한다.

1. 올바른 스위치를 눌러라

어떤 상황에서도 긍정적인 정신 자세를 유지하라. 올바른 그림을 의식에 품고 스위치를 눌러라. 스위치를 누르기 전까지 당신의 그림은 빛을 볼 수 없다. 그러므로 스위치를 누르고 당신의 그림이 빛을 보게 하라.

2. 조금 부족해도 자신을 보여줘라

카네기는 이 원칙 덕분에 사업에서 성공할 수 있었다. 에이브러햄 링컨은 연설 한 시간 전, 봉투 뒷면에 게티즈버그 연설 원고를 적었지만 그의 생애가 그 연설에 담겨 있었다. '자신을 보여주는 자는 승리할 것'이라는 유명한 말도 있다. 더 중요한 것은 자신의 인생을 위해 세상에 자신을 보여주어야 한다는 점이다.

3. 문제는 나누지 말고, 해결책은 나눠라

누군가 새로운 아이디어를 선보일 때 "네, 하지만…"이라고 말하는 사람이 되지 말고, "네, 그리고…"라고 말하는 사람이 되자. 해결되지 않은 문제에 대해 듣고 싶어 하는 사람은 아무도 없다. 사람들은 당신이 창의적인 해결책을 제시해서 극복할 수 없을 것 같은 문제를 해결했을 때에만 당신에게 관심을 보일 것이다. '할 수 있는 것들'에 초점을 맞추자.

4. 격려하고 보상을 제공하라

감각을 사용하는 기술은 기억을 떠올릴 수 있는 비결이다. 토마스 에디슨은 백열전구의 가치를 증명하기 위해 고작 20분 정도를 사용한 것이 아니라, 수십 년을 바쳐 백열전구에 맞는 필라멘트를 찾아다녔다. 마찬가지로, 당신 주변에 있는 사람들에게 좋은 아이디어를 떠올리고, 훌륭한 일을 할 수 있다는 격려를 전하라. 그렇게 한다면 당신과 함께 일하는 사람들은 진심으로 최선을 다해 일하게 될 것이다. 또한 자신에게도 아낌없이 격려하고, 목표를 위해 계속 나아갈 수 있도록 좋은 보상을 준비하자.

5. 늘 기뻐하라

'두려움'은 '믿음'의 반대말이라는 것을 기억하라. 기쁨은 슬픔을 몰아낸다. 많이 웃고, 농담을 던져라. 웃음 속에 담긴 메시지를 통해 정신적, 신체적으로 살아 있다는 것을 느껴 보자.

6. 다른 사람을 도와라

정중한 사람이 되자. 그리고 에머슨이 말한 '보상의 법칙'을 기억하라. 사람은 뿌린 대로 거두기 마련이다. 오늘, 무언가 필요한 사람에게 아낌없이 베풀자. 웃음이나 칭찬 같은 간단한 것이라도 좋다. 의식적으로 아무런 조건 없이 베풀자.

7. 꿈을 포기하지 마라

성공하는 마법의 비결은 우리 내면에 있다. 그러나 대부분의 사람들은 자신의 내면을 잘 들여다보지 않는다. '명확한 목표'는 나폴레온 힐이 선택한 원칙이다. 꿈을 품고 목표를 세우자. 그리고 자신의 목표를 세상에 널리 알리도록 하자.

마음속에서 긍정적인 쪽에 항상 서 있도록 하자. 자신 안에 있는 꿈의 영혼을 느껴 보자. 그렇게 한다면 겨울이 지난 뒤 봄이 따라오듯, 당신에게도 성공이 따라올 것이다. '겨울이 오면 봄도 멀지 않다'는 말이 있는 것처럼, 우리는 항상 이 놀라운 자연의 기적을 눈으로 목격하고 있다. 마음속의 작은 세상에도 이 기적이 일어나도록 해보는 건 어떤가?

특별한 사람

- 나폴레온 힐

내면의 의식을 차지하고 있는 바람이나 계획, 목적은 믿음과 함께 무의식으로 스며들어가 즉시 행동으로 옮겨진다. 의식을 차지하고 있는 바람에 의해 자극된 정신은 무의식에서 힘을 끌어온다. 그리고 믿음의 힘은 그 바람을 강하게 한다. 그렇게 되면 마음속에는 실패의 가능성을 부정하는 강한 신념이 생겨난다. 이 신념이 바로 특별한 사람을 만드는 비결이다. 사실, 성공한 이들은 정신 능력을 잘 활용하는 평범한 사람일 뿐이다.

많은 사람들이 이 세상에는 특별한 사람들이 존재하며, 그들은 일반인이 갖지 못한 재능을 타고난 사람이라고 오해하곤 한다. 하지만 그들은 우리와 다름없는 보통 사람이다. 그들은 단지 의식적으로든 무의식적으로든 '특별한 것처럼 보이는 마음의 힘'을 잘 사용하고, 성공의 원칙들을 잘 따르는 사람들일 뿐이다. 훌륭한 인물들의 삶을 분석한 결과, 특별한 사람을 만드는 요소들은 다음과 같이 확인되었다.

첫 번째는 '명확한 목표'다. 특별한 사람들은 자신이 무엇을 원하는지 정확히 알고 있었다. 오늘날의 특별한 사람들은 쓸데없는 행동들을 줄이며 자신의 목적을 향해 나아가느라 굉장히 바쁜 나날들을 보내고 있다.

두 번째는 실천하는 믿음이다. 여기서 중요한 점은 그들이 가진 믿음이 단순한 믿음이 아니라, '실천하는 믿음'이라는 것이다. 이 믿음은 명확한 목표를 성취하는데 초점을 맞추고 있다. 따라서 믿음의 기초는 마음에 품은 명확한 목표에 달려 있다.

세 번째는 사람 사이에 쉽게 전염되는 열정이다. 특별한 사람들이 그랬듯이, 당신도 열정을 품을 수 있다. 열정이란 걷고, 말하고, 행동하는 방식에 담겨 있는 역동적인 생명력이다. 또한 열정은 당신의 동기와 신체적 매력, 그리고 에너지가 합쳐진 결과물이다. 눈동자 속에 담긴 빛, 목소리에 담겨 있는 활기찬 음색, 악수를 할 때 느껴지는 활기가 바로 열정이다. 열정은 간절한 바람에 불을 붙여서 불타오르게 만든다. 그러나 열정은 잘 통제되어야 하고, 때와 장소에 맞게 사용되어야 한다.

네 번째는 상상력이다. 상상력은 새로운 아이디어를 현실로 만드는 마음의 힘이다. 상상력이 없다면 세상에는 어떤 새로운 것도 존재하지 않을 것이다. 그러나 상상력 또한 잘 통제되어야 한다. 특별한 목표를 가지고 상상력을 활발하게 이용하는 것은 큰 도움이 된다.

다섯 번째는 동기다. 정상적인 사람이라면 무슨 일이든 동기를 가지고 행동한다. 모든 행동에는 뒷받침이 되는 동기가 있어야 한다.

여섯 번째는 자기 주도성이다. 자기 주도성은 사람들을 활발히 활동하게 만든다. 다른 사람이 시키기 전에 나서서 해야 할일을 하는 습관을 가져야만 성공하는 사람으로 거듭날 수 있다. 또한 자기 주도성은 자발적으로 행동하는 것을 말한다. 우리는 이 특성을 언제든지 사용할 수 있도록 준비해 두어야 한다. 자기주도성은 '해야 할 일을 찾아서 스스로 하는 능력'으로 표현되곤한다.

일곱 번째는 최선을 다하는 습관이다. 삶에서 매일 매일 최선을 다하지 않고서는 결코 성공할 수 없다는 점을 기억하라.

여덟 번째는 훌륭한 사람들과 관계를 맺는 것이다. 당신이 이루고자 하는 목표에 따라 어떤 사람과 관계를 맺어야 하는지가 결정된다. 인생의 목표를 이루기 위해서 당신은 열두 명의 훌륭한 사람들이 필요할 수도 있고, 그의 절반만 필요할 수도 있다. 어쩌면 당신에게는 단 한 명의 훌륭한 사람이 필요할지도 모른다. 이때 반드시 알아 두어야 할 것은, 성공하려면 다른 사람의 지혜를 배워서 사용할 수 있어야 한다는 점이다.

아홉 번째는 긍정적인 자세다. 긍정적인 마음을 유지하지 못하면 결코 성공할 수 없다. 긍정적인 마음이야말로 성공을 이루어 내는 가장 중요한 요소다.

* 출처 : 〈PMA 성공의 과학PMA Science of Success〉

32. 친절의 세 가지 원칙

우리가 누구이고, 상황이 어떻든 간에 친절한 자세는 매우 중요하다.
친절한 자세가 인생에서 예상치 못한 행운을 가져올지도 모르기 때문
이다.

- 킵 데이비스Kip Davis

다른 사람에게 친절을 베풀어서 역효과를 경험한 적이
있는가? 다른 사람이 당신의 친절을 무시하거나 이용하려고 한
적이 있는가? 사람들이 당신의 도움을 거절한 적이 있는가? 아
니면 친절을 베푸는 당신을 하인처럼 부리려고 한 적이 있는가?

친절을 베풀 때, 다른 사람에게 이용당하지 않으려면 어떻게
해야 할까?

좋은 일을 하겠다고 마음먹기 전에 왜 도우려고 하는지, 적절
한 도움을 베풀고 있는지, 도움을 받는 사람이 불편해하지 않는
지를 생각해 보아야 한다. 도움을 베풀기 전에 도움을 받는 사람
의 입장에서 이 세 가지 점에 대해 생각해 보는 것은 매우 중요
하다. 친절을 베풀기 전에 생각해 봐야 할 세 가지 점에 대해서
알아보도록 하자.

첫째, 왜 도우려고 하는가?

이 질문에 대답하려면 당신의 동기가 이타적인 마음에서 비롯되었음을 알아야 한다. 친절을 베풀 때 숨은 의도가 있어서는 안된다. 대부분의 사람들은 뭔가를 바라거나 기대하는 마음으로 좋은 일을 하곤 한다. 그러나 바라는 마음으로 좋은 일을 하면 이타적인 마음으로 좋은 일을 할 때 생겨나는 행운을 잃게 된다.

예를 들어, 당신이 뭔가를 얻기 위해 친절을 베푼다면 도움을 받는 사람은 당신의 친절을 순수한 마음으로 받지 못하게 된다. 게다가 당신의 친절함은 하찮은 것으로 전락해 버린다. '이 일을 하면 내게 어떤 이익이 있는가?'를 먼저 생각한다면, 아무 이유 없이 주는 것이 아니라 받기 위해 주는 것이 된다.

그러므로 도움을 받는 사람을 먼저 생각하고 나서 그들을 어떻게 도울지를 생각해야 한다. 그렇게 한다면 자신의 마음에서 이기적인 의도를 몰아낼 수 있다.

둘째, 적절한 도움은 무엇인가?

상황을 자신의 입장에서만 본다면 문제가 생길 수도 있다. 자신에게는 옳다고 여겨지는 일이 다른 사람들에게는 완전히 잘못된 것으로 여겨질 수도 있기 때문이다. 예를 들어 누군가가 당신의 도움이 필요한 것처럼 보일 때, 먼저 그가 정말로 도움을 필요로 하는지를 확인해 보는 것이 좋다. 또한 어떤 사람들은 다른 사람의 방식이 아니라 자기만의 방식으로 일을 하고 싶어 한다.

운전을 예로 들면, 당신은 목적지에 빨리 도착하기 위해 고속도로를 선호할지도 모른다. 그러나 당신의 동료는 풍경을 즐기며 천천히 운전하기 위해서 일반 도로로 가고 싶어 할지도 모른다. 어떤 방식이 옳은 방식인가? 둘 다 옳은 방식이다. 하지만 당신이 친구를 태워 준다면, 당신의 운전 방식 대신 친구가 좋아하는 운전 방식을 택해 보라. 그렇게 할 때, 당신도 친구도 즐거운 시간을 보내게 될 것이다.

셋째, 도움을 받는 사람이 당황스러워하는가?

사람들의 내면의 기준은 모두 다르다. 당신의 기준에서는 적절하다고 여겨지는 일이 다른 사람에게는 이상하게 여겨질 수도 있는 것이다. 도움을 받는 사람의 반응을 잘 살펴 친절함의 강도를 측정해 보자. 지나친 너그러움으로 사람을 숨 막히게 해서는 안 된다. 그렇게 하는 것보다는 받는 사람의 반응을 통해서 힌트를 얻는 것이 좋다. 이 정도면 적당하다고 여겨질 때 멈추는 것이 좋다. 너무 과한 너그러움과 친절을 보인다면, 그건 친절이 아니라 자기중심적으로 타인을 밀어붙이는 행동이다. 적당한 때를 아는 것 또한 중요하다.

친절을 베풀기 전에 이상의 세 가지 원칙을 적용한다면, 자신의 이익이 아니라 도움을 받는 사람의 이익을 더 생각하게 된다. 그렇게 하는 것이야말로 '진정한 친절'이다.

효과적인 자극
- 나폴레온 힐

다른 사람과의 우정은 효과적인 자극이다. 어떤 사람들은 문제가 생겼을 때 다른 사람들과 그 문제를 나누는 것이 최고라고 생각한다. 우정은 새로운 아이디어의 원천이자 다양한 관점에서 세상을 볼 수 있게 만들 뿐만 아니라, 지적이고 윤리적인 도움을 제공한다. 또한 우정은 웃음의 원천이자 스트레스를 억제해 준다. 우정에서 비롯되는 웃음은 몸 전체로 흘러들어가 모든 세포가 생명력을 되찾도록 만든다.

부모와 자식 간의 따뜻한 관계는 그 어떤 것보다 아이의 성격 형성에 큰 영향을 준다. 만약 부모가 이런 관계를 발전시키는데 시간과 에너지를 많이 사용하지 못했다면, 이는 매우 안타깝고 후회스러운 일이다.

훌륭한 인물들과 맺는 관계는 지적으로 강한 자극이 된다. 성공한 사람들은 모두 훌륭한 인물들과 관계를 맺었다는 사실이 이를 뒷받침한다. 따라서 훌륭한 친구들로부터 전해지는 잠재적인 힘은 매우 중요하다. 여러 사람들의 지성이 한데 모여 하나의 목표를 향해 나아가면 성취할 가능성이 더 높아지기 때문이다.
또한 이 잠재적인 힘은 성공철학의 원칙들을 효과적으로 사용할
수 있는 수단을 제공하기도 한다.

　자기 암시 역시 지속적으로 마음을 자극할 수 있는 매개체 역
할을 한다. 그러나 안타깝게도 많은 사람들이 부정적인 쪽으로
자기 암시를 이용한다. 그들은 두려움, 걱정, 증오, 질투, 욕망,
미신 등과 같이 원하지 않는 것에 대해 계속 생각함으로써 그 생
각을 더욱더 강화시킨다.

* 출처 : 〈PMA 성공의 과학PMA Science of Success〉

33. 새로운 계획

우리는 매일 한 가지 선택을 해야 한다. '사랑에서 나오는 말과 행동을 할 것인가? 두려움에서 나오는 말과 행동을 할 것인가?'
- 브래드 저스티스Brad Justice

자신의 목표를 돌아보고 어떤 진전이 있었는지 생각해 보는 것처럼 좋은 일은 없다. 새해 첫 날처럼 오늘도 뭔가 새로운 일을 시작해 보는 건 어떤가? 계속 마음속에 품고만 있을 뿐 열정적으로 추구하지 않았던 목표들을 향해 앞으로 나아가 보는 것은 어떤가? 그렇다고 해서 앞으로 크게 나아갈 필요는 없다. 다만 성공으로 향하는 길에서 자신을 조금 더 앞으로 보내줄 즉각적인 행동을 취해 보는 것이다. 특별한 여행을 위해 주머니에 굴러다니는 동전을 저금통에 넣는 간단한 일도 좋고, 먼 미래의 꿈을 위해 월급에서 10퍼센트를 떼어 저축해 보는 것도 좋다. 작은 일이든 큰 일이든, 오늘 당장 시작한다면 당신의 목표는 머지않아 이루어질 것이다. 매일 목표에 더 가까워지도록 미래를 향해 한 걸음 더 내딛도록 하자.

계획을 세우는데 실패한다면 실패하는 계획을 세운 것이나 마찬가지다. 사실, 계획을 세우는 일은 어려운 일이 아니지만 많은 사람들이 계획 세우는 일을 두려워하며, 결국에는 계획 세우기에 실패한다. 계획을 써 내려가는 행동 자체를 통해 그저 바라기만 하는 단계에서 행동하는 단계로 옮겨 갈 수 있게 된다. 이 간단한 일은 무의식에게 자신이 무엇을 원하는지 알리는 행동이다. 이를 통해 계획을 세우고 그것을 시각화함으로써 행동의 패턴을 만들어 내게 된다. 그리고 이런 행동 패턴이 반복되면 머릿속에 깊이 새겨지고, 결국에는 목표를 이루게 되는 것이다. 그렇게 되려면 수백 번, 수천 번 같은 행동을 반복해야 할지도 모른다. 하지만 한 번 머릿속에 각인되면 자동적으로 행동하게 된다. 목표가 현실에서 꽃을 피우게 하려면 무의식에 생각의 씨앗을 뿌리고, 계속해서 돌보며 자라도록 관리해야 한다.

존 켄드릭 뱅스John Kendrick Bangs의 시를 읽어 보고 당신의 운명을 향해 힘차게 출항해 보자.

내 배가 올 때를 기다리지 않으리라.
그 배는 알 수 없는 바다를 향해 나갔으니
나 스스로 배를 하나 더 만들어
기운차게 다시 떠나리라.
항구에 도착해서
다른 사람들이 기다리는 물건을 찾을 때까지.
그리고 바람과 물살이 주는 것을 받을 때까지.
용감하게 항구를 떠나리라.

자신만의 독립 자금

- 나폴레온 힐

　　골든 룰을 충실하게 적용하는 노력을 했음에도 불구하고 상사에게서 어떤 반응도 얻지 못한 청년이 있었다. 결국 청년은 상사에게 자신의 자리를 채울 다른 사람을 찾아보라고 말하기로 결심했다. 하지만 불황은 계속되었고, 청년은 돈을 모을 때까지는 그렇게 말할 수 없었다. 1년 동안 꾸준히 절약한 덕분에 청년은 목표로 했던 돈을 모을 수 있었고, 마침내 마음에 품어 왔던 결심을 실행에 옮겼다.

　　청년은 회사를 나와서 같은 분야의 사업을 시작했다. 옛 상사의 경쟁자가 된 것이다. 현재, 그 청년은 공장에 새 직원이 입사하면 개인적으로 면담을 하곤 한다. 그는 면담을 할 때, 항상 자신이 어떻게 사업을 시작하게 되었는지를 이야기한다.

　　"일하다 보면 언젠가는 그만두고 싶을 때가 올 거예요. 그런 기분이 너무 강해서 저항할 수 없다고 느껴질 때, 떠날 준비를 하세요. 그 즉시 통장을 만들고, 월급에서 얼마를 저축할 수 있는지 살펴보세요. 그리고 그 통장을 '독립 자금'이라 부르세요.

그렇게 하면 훨씬 더 즐겁게 저축할 수 있을 겁니다."

당신은 상사가 더 존중해 주고, 사원들끼리 화목하게 지내는 회사를 찾고 싶을지도 모른다. 하지만 그런 회사를 찾는데도 개인적인 독립 자금과 시간이 필요하다. 하지만 당신의 상사가 이를 눈치 채서 존중심을 가지고 직원들을 대한다면, 그는 귀중한 직원을 잃지 않을 수도 있다. 그렇게 한다면 상사는 자신의 직원이 회사를 떠나는데 어떤 정당한 이유거리도 찾을 수 없게 만들 수 있을 것이다.

이 이야기는 약간의 반전이 담긴 이야기다. 최선을 다하는 자세에 독립심과 자긍심을 더해야 한다는 교훈이 담겨 있기 때문이다. 그렇게 한다면 직원들은 더 나은 결과를 내놓을 것이고, 회사는 그로 인해 이익을 볼 것이며, 직원들의 월급도 올라갈 것이다.

* 출처 : 〈PMA 성공의 과학PMA Science of Success〉

34. 실패의 원인 찾기

실패와 시련은 좋은 상황에서는 깨닫지 못했던 기회를 준다.
- 리치 위노그래드Rich Winograd

미국이라는 국가는 위기와 시련을 자산으로 바꾸는 일에 매우 능하다. 이 나라의 미래는 실패 경험이 아니라, 실패를 극복한 경험에 의해 결정되어 왔다. 이 점은 실패에 대한 큰 교훈을 선사한다. 이 나라는 폭풍우를 견뎌내는 법은 물론 폭풍우로부터 이익을 얻는 법 또한 알았기 때문에 앞으로 나아갈 수 있었던 것이다.

단점 또한 마찬가지다. 우리는 단점으로부터 시련에 대처할 수 있는 교훈을 얻을 수 있다. 뭔가 잘못되었을 때, 가장 좋은 대처법은 실패를 정면으로 바라보고 어떤 종류의 시련이 닥쳤는지를 파악하는 것이다. 잘 아는 시련이 모르는 시련보다 낫기 때문이다. 일단 어떤 종류의 시련이 닥쳤는지를 파악하고 나면, 문제 해결의 방법을 궁리할 수 있게 된다.

시련이나 실패에서 배울 수 있는 것 중 하나는 불행의 원인이고, 원인을 안다면 결과도 예측할 수 있다. 어쩌면 현재 상황을 극복하기에는 너무 멀리 왔을지도 모른다. 하지만 그런 상황에서도 실패의 원인을 파악한다면, 훗날 비슷한 상황이 닥쳤을 때 부정적인 상황을 긍정적으로 바꿀 수 있다. 이처럼, 미래의 결과를 바꾸기 위해 실패를 면밀히 살펴보는 것은 바람직한 자세다.

역사적으로 성공한 국가들은 스스로 내린 선택을 면밀히 살펴보곤 했다. 그렇게 함으로써 미래의 실패를 피할 수 있었던 것이다. 그런 의미에서 과거의 실패는 사형 선고가 아니라 뭔가를 배울 수 있는 기회다. 이처럼 생각을 바꿈으로써 성공의 물살을 자기 쪽으로 돌릴 수 있다. 의식이 고취되면 반응도 커진다. 그렇게 되면 그저 습관적으로 하던 일들을 깊게 생각하게 되고, 좀 더 진보된 자세로 대하게 된다. 뿐만 아니라, 일단 한 사람이 멈추어 서서 생각하기로 결정하면 다른 사람들도 그렇게 하게 되고, 결국에는 집단적 의식이 고취된다.

우선, 당신의 선택에 대해 생각해 보라. 당신은 그저 아무렇게나 습관적으로 선택하는가? 아니면 생각해 본 후에 선택하는가? 만약 당신이 생각한 후에 선택한다면, 당신의 생각은 운명과 이어지게 된다. 생각하는 것에 대해서 제대로 알게 되면 인생이 달라질 뿐만 아니라, 이 지구상에 사는 다른 사람들의 인생 또한 달라진다. 먼저 생각하고 그 뒤에 행동하자. 이러한 원칙을 실행에 옮긴다면 당신의 삶은 지금보다 훨씬 더 나아질 것이다.

실패와 시련

- 나폴레온 힐

실패에 대처하는 정신 자세는 '인생'이라는 강에서 실패의 물살에 휩쓸려 갈지, 아니면 성공 가도에서 행운의 물살을 타게 될지를 결정하는 중요한 요소다. 그리고 실패와 성공을 가르는 요소는 너무나 사소해서 진짜 원인을 놓칠 때가 많은데, 그 원인은 실패에 대처하는 정신 자세다. 긍정적인 자세를 가진 사람은 강인한 정신력으로 실패를 받아들이지 않는다. 그러나 부정적인 자세를 가진 사람은 희망을 잃은 채 실패를 받아들이고 만다.

긍정적인 자세를 유지하는 사람은 마음에 품은 일을 모두 이룰 수 있다. 그 뜻이 신의 법칙과 인간의 권리를 침해하지 않는 한, 어떤 일이라도 이룰 수 있다. 실패에 직면해도 결코 무너지지 않을 것이며, 실패를 성공을 위한 디딤돌로 바꿀 것이다. 또한 긍정적인 자세는 모든 개인적인 문제를 해결하는 비결일 뿐만 아니라, 자석이 쇳가루를 끌어당기듯 성공을 끌어들인다.

* 출처 : 〈PMA 성공의 과학PMA Science of Success〉

35. 한 번에 한 단계씩

목표는 구체적이고 작은 것부터 시작해야 한다. 한 번에 한 단계씩, 조금씩 목표를 향해 나아가라.

- 장 한송Hansong Zhang

나폴레온 힐의 성공철학은 세계적으로 널리 알려져 있다.

중국 상하이 출신인 내 조교 첸 구앙Guang Chen은 퍼듀 대학에서 대학원 과정을 마친 그의 아내 징Jing과 함께 인디애나 주 해먼드에 살고 있다. 첸은 대학원생 시절부터 나폴레온 힐 세계교육센터에서 일해 왔다. 이번 학기에, 우리는 학위 취득과 함께 미국 문화를 배우러 먼 길을 온 수백 명의 중국 학생들을 만나게 되었다. 학생들은 이미 중국에서 나폴레온 힐의 성공 원칙을 접했고, 이곳에서 힐 박사의 성공철학에 대해 공부하고 있다.

한송Hansong도 그런 학생 중 한 명이다. 그는 나폴레온 힐의 성공철학에 대해 가능한 한 많이 배우고 싶어 하며, 매일 힐 박사의 가르침을 내면화하기 위해 열심히 노력하는 열성적인 대학원생이다. 또한 힐 박사의 성공철학을 통해 자신의 동양 문화와 미국의 서양 문화가 마음속에서 조화를 이루도록 만들었다. 그는 힐 박사의 가르침을 통해 평생에 걸쳐 도움이 될 풍요로움을 쌓고 있는 중이다. 나는 그가 힐 박사의 가르침을 어떻게 삶에 적용시키는지를 보고 매우 놀랐다. 그는 똑똑하고 현명할 뿐만 아니라, 인생을 실용적으로 바라볼 줄 아는 학생이다.

나는 모든 학생들이 나폴레온 힐 세계교육센터의 강의를 듣고 인생에 도움이 되는 지혜를 얻기를 바란다. 나폴레온 힐의 성공철학은 상식으로 보일지도 모른다. 그러나 중요한 것은 성공철학을 단순히 이해하는 것에 그치지 않고 실천하는 자세다. 실천이야말로 경쟁자를 제치고 한 발 더 앞서 나갈 수 있는 가장 중요한 요소다.

세계화 시대를 살아가는 현대인들이 상식과 예의, 그리고 붙임성을 가지고 행동한다면 모두가 특별한 인생을 살 수 있게 될 것이다. 이곳에서 교육 받는 학생들은 성공 가도를 달릴 수 있는 원칙들을 찾았다. 다른 젊은이들은 어떤가? 함께 모여 앉아서 나폴레온 힐의 성공철학에 대해 토론해 보지 않겠는가? 만약 당신이 골든룰을 이해했다면, 다른 사람들과 토론을 시작해 보라.

중요한 경고

- 나폴레온 힐

삶의 구체적인 목표와 계획을 세우고 실천하되 당신의 훌륭한 친구들을 제외하고는 타인에게 말하지 마라. 당신의 계획에 관심이 없는 사람들에게 당신의 목표와 계획에 대해 이야기한다면, 목표를 이루고자 하는 당신의 에너지가 소멸될 수 있기 때문이다. '요란하게 경적을 울리는 증기는 결코 엔진을 움직일 수 없다'는 말을 늘 기억하자.

주방에서 끓고 있는 찻주전자를 잠깐 살펴보자. 찻주전자는 소리를 내며 힘을 뿜어내고 있다. 만약 당신이 주전자의 주둥이를 막고 뚜껑을 닫는다면 압력을 받은 증기가 응축되어 찻주전자가 터져 버릴 것이다. 당신의 '에너지'는 목적과 계획을 위해 사용되어야 한다. 의미 없는 수다로 당신의 에너지를 낭비해서는 안 된다.

뭔가를 실행하려고 할 때, 그것에 대해 떠들지 말아야 하는 또 다른 이유가 있다. 공감하지 못하는 상대에게 당신의 계획을 떠들어댄다면, 그들에게 당신을 쓰러뜨릴 무기를 주는 것이나 마찬가지다. 사람들은 시기, 질투와 같은 부정적인 감정에 이끌리기 마련이다. 그리고 그들은 그 감정에 휩싸여 당신의 목표를 조롱할 수도 있다. 그들에게 당신을 깎아내리며 즐거워 할 기회를 주지 않아야 한다. 당신을 낙담시키는 부정적인 영향에 스스로를 노출해서도 안 된다. 어쩌면 가족 구성원들조차 당신의 자존감을 조롱하거나 당신의 아이디어를 폄하할 수도 있다. 당신이 그런 상황에 놓여 있다면, 가족에게도 계획에 대해 이야기하지 않는 것이 좋다.

세상에는 아무것도 하지 않으며 인생의 샛길에 서서 다른 사람이 걸려 넘어지는 것을 보고 즐거워하는 부류의 사람들이 있다. 가는 길마다 그런 사람들이 당신을 기다리고 있을지도 모른다. 그럴 때마다 당신이 어느 쪽으로 향하는지 말해 주지 않는다면, 그들은 당신을 따라올 수 없다.

구체적인 목표와 계획들을 성취하기 위해 의식적으로, 지속적으로 목표와 계획들을 생각해야 한다는 점을 기억하자. 먹을 때도 생각하고, 잠을 잘 때도 생각하자. 어디를 가든지 목표에 대한 생각들과 함께 하자. 심지어 잠을 자고 있을 때도 무의식이 목표를 이루기 위해 활동할 수 있다는 점을 기억하자. 원하는 것만 계속해서 생각하고, 원하지 않는 것은 마음에서 떼어 내도록 하자.

* 출처 : 〈PMA 성공의 과학PMA Science of Success〉

36. 받기 전에 베풀기

*기부는 당신과 함께 일하는 사람들을 돕는 것에서부터 시작한다. 그
들을 돕는 것을 당신의 임무로 삼아라.*

- 존 호프 브라이언트John Hope Bryant

대가를 바라지 않고 베푸는 일은 많은 사람들을 놀라
게 한다. 하지만 사람들은 자선 단체에 기부할 돈이 없기 때문에
뭔가 대가를 받기 전에는 베풀 수 없다고 말하곤 한다. 그들은
자선 단체에 기부하기 전에 부를 많이 쌓아야 한다고 주장한다.
지금 가진 돈의 일부를 기부하라고 권하면 망설이는데, 그 이유
는 남는 재산에서 기부해야 한다고 생각하기 때문이다. 또한 사
람들은 모두가 이익을 볼 수 있도록 기부하기 보다는 재산을 모
으려고 하는 경향이 있다.

최근에 나폴레온 힐 세계교육센터는 오가노 골드 컴퍼니Organo
Gold International로부터 자선기금을 받았다. 이 회사는 '받기 전에 먼
저 베풀라'는 철학을 실천하고 있으며, 회사를 설립하면서부터
기부를 시작했다. '가치 기반 리더십'이라 불리는 '이익을 부르는
원칙'은 이론으로는 쉽지만 현실에서 실천하기는 쉽지 않다. 하
지만 오가노 골드 컴퍼니는 기부를 회사의 중요 가치로 정했고,

회사의 규모가 커지기를 기다리지 않고 아낌없이 기부했다. 기부는 아무 때나 생각나면 하는 일이 아니라, 잘 계획된 일이어야 한다. 오가노 골드 컴퍼니는 남는 재산을 기부하겠다는 자세가 아니라, 받기 전에 먼저 기부하는 것이 더 훌륭한 일이라는 믿음을 가지고 아낌없이 기부하고 있다.

나폴레온 힐은 자신의 책 〈생각하라 그러면 부자가 되리라〉에서 여섯 가지 성공 원칙을 설명하면서 이렇게 말했다.

"남들에게 받기 전에 받고 싶은 만큼 먼저 베풀어야 한다."

하지만 이렇게 실천하는 사람이 얼마나 되겠는가? 당신 주변에 그런 사람이 있다면, 이름을 몇이나 댈 수 있는가? 그런 사람의 이름을 댈 수 있다면, 그 사람이 얼마나 성공했는지도 생각해 볼 수 있을 것이다. 성공은 균형을 통해서 이루어진다. 마음의 평화와 긍정적인 자세, 신체적 건강, 조화로운 인간관계가 재정적인 안정보다 늘 앞에 와야 한다는 점을 잊지 않도록 하자. 항상 비전을 명확하게 하고, 받을 수 있는 것보다 베풀 수 있는 것들에 초점을 맞추도록 하자.

자신이 할 수 있는 일

- 나폴레온 힐

언젠가 헨리 포드가 한 청년에 관한 이야기를 들려주었다. 그 청년은 일자리를 구하기 위해 헨리 포드를 찾아왔고, 급여에 관해 논의할 때 청년은 명확한 금액을 제시하지 못했다. 청년은 결정을 내리지 못하는 것처럼 보였다. 그러자 헨리 포드는 월말에 일한 만큼 정산해서 급여를 받는 것은 어떻겠느냐고 청년에게 제안했다. 그러자 청년이 말했다.

"저는 이미 그 이상의 급여를 받고 있습니다."

그 청년은 의심의 여지없이 진실을 말했을 것이다. 하지만 자신이 할 수 있는 일보다 더 많이 일한다면, 더 많은 급여는 물론 더 높은 자리로 올라갈 수 있는 기회가 찾아올 것이다. 만약 자신이 딱 할 수 있는 일 만큼만 일한다면, 급여를 더 많이 받지 못하거나 승진하지 못해도 할 말이 없다. 이 점을 생각해 보고 최선을 다해서 일하는 마음 자세를 가져야 한다.

자신이 필요한 만큼의 재정 상황과 요구해야 할 급여를 혼동하기 쉽다. 만약 사치스러운 습관 때문에 돈 관리를 제대로 못해서 버는 돈만으로 생활하기가 힘들다면, 일하는 만큼 급여를 받고 있는지 생각해 볼 필요가 있다. 그렇게 하려면 경영자와 직원 모두 경제학 원칙에 대해서 잘 알고 있어야 한다. 만약 당신이 최고 임금을 주는 특정 분야 직업에 종사하고 있다면, 급여를 더 요구하는 것은 경제적으로 불가능할지도 모른다. 당신이 하는 일이 원하는 만큼의 보상을 가져다주지 않는다면 직업을 바꾸는 것도 고려해 볼 필요가 있다. 하지만 당신이 지금 하는 일이 마음에 든다면 급여를 더 받을 수 있도록 자신이 할 수 있는 일보다 더 많은 일을 해보려고 시도해 보자. 자신이 할 수 있는 일보다 더 많은 일을 하려고 노력하지 않는다면 더 많은 급여를 받을 수 없다.

* 출처 : 〈PMA 성공의 과학PMA Science of Success〉

37. 마음속의 왕국

새로운 습관이나 변화를 만들고자 하는 마음이 클수록 우리의 무의식은 특정 행동을 더 빠르게 습관으로 만들 수 있게 된다.

- 프란치스코 멘도자Francisco Mendoza

소설가 루이자 메이 알코트Louisa May Alcott가 남긴 「나의 왕국My Kingdom」이라는 시를 읽어 보자.

나의 왕국

내 작은 왕국에는

내 생각들과 감정들이 머문다네.

내 왕국을 잘 다스리는 것은

매우 힘든 일이라는 걸 알게 되었네.

나는 어떤 왕관도 원치 않았지만

내 왕국의 왕관을 얻게 되었네.

나는 온 세상을 정복하고 싶지 않고

오직 내 왕국만 다스리고 싶다네.

이 시를 통해서 우리는 세상을 바꾸기 전에 먼저 자신을 바꾸어야 하고, 남을 다스리기 전에 먼저 자신을 다스릴 줄 알아야 한다는 교훈을 얻게 된다.

우리는 마음속에 작은 '왕국'을 다스리고 있다. 이 왕국에는 우리의 열정, 바람, 그리고 두려움이 살고 있다. 우리가 이런 감정들을 잘 다스리게 될 때, 비로소 마음속에 있는 작은 왕국을 다스리게 되는 것이다. 사실, 우리 마음속의 왕국은 매우 중요하다. 생각해 보라. 스스로 행복하고, 만족스럽고, 생산적이지 않은데 다른 사람에게 그렇게 하라고 말할 수 있겠는가?

스스로 내면을 바라보면 성공철학을 더욱 잘 이해하고 실천할 수 있다. 언젠가 나폴레온 힐은 이런 말을 했다.

"원하지 않는 기억들의 문을 닫고, 당신이 선택한 기회의 문을 열어라. 첫 번째 문을 열기 힘들다면 다른 문을 열어 보자. 그리고 또 다른 문을 열어 보자. 그렇게 하다 보면 당신이 들어갈 수 있는 문을 찾게 될 것이다. 명확한 목표는 모든 성공의 시작점이다. 자기 수양과 강한 의지는 목표를 달성할 때까지 우리를 계속 움직이게 한다. 이제 우리는 성공의 비결을 가지고 있다. 이를 실천하겠는가?"

나폴레온 힐은 우리가 성공의 '비밀'을 얻기 위한 준비가 되면 마스터키가 눈앞에 나타난다고 말했다. 이 비밀의 열쇠는 자기 수양만큼이나 간단한 것일까? 이 원칙 하나만으로 성공의 문을 열 수 있을까? 다른 사람들의 성공담을 확인해 보고 그들이 자기 수양을 실천했는지 살펴보라. 결과는 놀랍지 않을 것이다. 자기 수양의 실천은 성공을 향한 최고의 비결이다.

오늘보다 나은 내일, 행복한 삶을 꿈꾼다면 오늘부터 자기 수양을 실천해 보자.

통제할 수 없는 요소들

- 나폴레온 힐

인간의 사고 프로세스에는 스스로 통제할 수 없는 네 가지 요소가 있다. 우리는 이 요소에 맞춰 갈 수는 있지만, 스스로 통제할 수는 없다.

첫 번째는 '무한 지성'이다. 보편적 습관의 법칙과 관련해서도 이야기했지만, 우리는 '무한 지성'을 통제할 수 없다. 그리고 모든 종류의 생각 에너지는 '무한 지성'으로부터 나온다.

두 번째는 '무의식'이다. 무의식은 인간이 통제할 수 없는 부분이다. 무의식은 무한 지성과 인간의 의식을 이어 주는 연결 고리와도 같다. 그 누구도 무의식을 통제할 수는 없다. 무의식은 자기만의 방식으로 일하기 때문이다. 무의식의 가장 중요한 기능은 의식에 머물고 있는 생각을 행동으로 옮기도록 하는 것이다. 하지만 무의식은 의식의 명령을 듣지 않는다. 무의식은 오직 감정에 의해서만 움직인다. 그래서 우리는 자기 수양을 통해 감정을 잘 조절할 필요가 있다. 무의식은 긍정적인 감정에 반응하는 것과 같은 속도로 부정적인 감정에도 반응한다. 무의식은 긍정적인 감정과 부정적인 감정을 굳이 구별하려 들지 않는다. 따라서 우리는 무의식이 긍정적인 생각만 하도록, 명확한 목표에 대해서만 생각하도록 자기 수양을 통해서 노력해야 한다.

세 번째는 '육감'이다. 육감은 일반적인 감각으로는 인지할 수 없는 메시지를 받아들인다. 우리는 훌륭한 친구들에 의해 자극을 받았을 때 잠깐 동안 육감을 통제할 수 있지만, 평소에는 육감을 통제할 수 없다.

네 번째는 보고, 듣고, 맛보고, 냄새 맡고, 만지는 '오감'이다. 그러나 이 오감은 당신을 속일 수도 있다. 영화나 마술, 서커스의 묘기처럼 손이 눈보다 빠른 경우들을 생각해 보라. 그러므로 지식과 이성으로 생각하고 판단함으로써 자신이 보고 듣는 것이 옳은지를 항상 확인해야 한다. 이 습관은 자기 수양을 통해서 얻을 수 있다.

* 출처 : 〈PMA 성공의 과학PMA Science of Success〉

38. 감정 변화와 명상

동기가 충분할 때 자기 수양으로 이를 뒷받침하라.
- *알버트 아인슈타인Albert Einstein*

나폴레온 힐이 완성한 성공철학의 전체적인 그림을 그려 보는 것은 의미 있는 일이다. 그렇게 함으로써 힐 박사의 성공 원칙들을 자신의 삶에 적용할 수 있고, 성공으로 향하는 길에서 한 걸음 더 나아갈 수 있기 때문이다. '명확한 목표, 훌륭한 친구들, 믿음의 실천, 최선을 다하는 습관'은 중요한 성공 원칙이다. 이 원칙들을 삶에 적용한다면 서로 조화를 이루면서 당신을 더 나은 사람으로 이끌어 줄 것이다.

요즘 학교에서는 체험 학습이 유행이다. 잘 알다시피 하늘 아래 새로운 것은 별로 없다. 체험 학습은 그저 학습에 행동을 접목시킨 것이다. 나는 이 개념을 '적용'이라고 부른다. 적용을 통한 학습은 마치 부두에 배를 정박하는 것처럼 학생과 배움을 이어 준다. 닻은 학생과 학생이 이루고 싶어 하는 결과 사이에 연결 고리를 제공한다. 이미 잘 알고 있듯이 반복이야말로 성공을 실현하는 최고의 비결이다. 반복은 습관을 만들고, 습관이 그 사람의 운명을 결정하기 때문이다.

우리가 현실에서 마주치는 문제들은 철학을 어떻게 실용적으로 삶에 적용하느냐와 관련이 있다. 힐 박사는 우리에게 그 대답을 제시했다. 그는 '문제의 결과물에 감정을 부여하라'고 했지만, 그의 말대로 했을 때 우리는 감정을 떠올려야만 문제를 떠올리게 된다.

나는 이 점을 염두에 두고 성공 원칙을 음악과 예술에 접목시킨 예술가들과 함께 30분짜리 명상 프로그램을 개발했다. 예술가 마이크 테라파리와 피아니스트 안토니오 카스틸로 데 라 갈라가 디자인 컨설턴트 크리스 레이크와 짝을 이루어 나폴레온 힐의 17가지 성공 원칙을 예술적으로 묘사했고, 그 결과는 환상적이었다.

명상을 하면 감정적 변화를 조절할 수 있다. 당신의 마음을 편안한 상태로 만들고, 많은 정보가 마음으로 들어가 의식의 일부가 되도록 하라. 그렇게 하면 무의식으로도 그 정보가 흘러들어가게 될 것이다. 아침에 일어나 가장 먼저 명상을 하고, 자기 전에 또 명상을 하라. 이 명상은 누구의 방해도 없이 혼자 이루어져야 한다. 명상을 통해 의식과 무의식이 성공 원칙들의 일부가 되도록 시도해 보자.

무의식 통제하기

- 나폴레온 힐

어떤 계획이나 목적을 반복해서 생각하면 의식을 가득 채우게 되고, 그것은 불타는 갈망이 되어 무의식으로 넘어간다. 일단 무의식으로 넘어가면 무의식은 가능한 모든 수단을 사용해서 갈망을 실천하려고 애쓴다.

우리가 정신 자세를 완벽하게 통제할 수 있는 권리를 가지고 있다는 사실은 매우 중요하다. 정신 자세를 통제할 수 있는 권리를 가졌다는 말은 정신 자세를 통제할 수 있다는 것이지 이미 통제하고 있다는 것은 아니다. 그렇기 때문에 어떻게 하면 정신 자세를 통제할 수 있는지를 배워야 한다.

인간의 마음은 '무의식'과 '의식'으로 나뉜다. 간단하게 설명하자면, 의식은 추리와 생각이 일어나는 곳이다. 어떤 사실을 심사숙고하고 저울질하는 곳도 바로 의식이다. 의식에서는 정보를 분석하고 무의식으로 가는 길을 제공한다. 의식은 우리가 경험을 통해 인생의 목표를 정할 수 있는 마음의 일부이다. 예를 들어, 갓 태어난 아기는 새로 녹음된 디스크에 비유될 수 있다. 아기는 오감, 즉 보고 듣고 느끼고 맛보고 냄새 맡는 과정을 통해 많은 것을 배우게 되기 때문이다. 또한 의식은 개봉하지 않은 영화에 비유될 수 있는데, 그 이유는 오감을 통해 심상들을 지각할 준비가 되어 있기 때문이다.

무의식은 마음 중에서도 계발되지 않은 자연적인 부분이다. 우리는 태어날 때부터 자연적으로 무의식을 가지고 태어난다. 무의식은 생각하지도, 추리하지도, 심사숙고하지도 않는다. 무의식은 인간의 감정에 따라 본능적으로 움직인다. 행동하고자 하는 이 욕구는 모든 인간이 가지고 있는 본능이다. 그래서 우리는 이 욕구를 이해하고 잘 사용해야 한다. 모든 사람의 무의식에는 별다른 차이가 없기 때문에, 우리는 의식을 훈련시킴으로써 무의식에 변화를 일으킬 수 있다.

무의식의 잠재적인 힘을 설명하기 위해 익숙한 예를 들어 보자. 무의식은 자동차에 비유될 수 있고, 의식은 운전자와 같다. 움직일 수 있는 힘은 자동차 자체에 있지 운전자에게 있는 것이 아니다. 따라서 운전자는 자동차의 힘을 조절하는 방법을 배워야 한다. 이와 마찬가지로 무의식의 힘을 건드려서 우리가 선택한 영역으로 힘을 끌어오는 법을 배워야 한다. 의식은 건축가와 같고, 무의식은 건설 중인 프로젝트의 '정신적 재료'를 쌓아 둔 커다란 창고와 같다. 이처럼 계획을 세우고 무엇을 할지 결정하는 것은 의식이고, 그 힘을 제공하는 것은 무의식이다.

* 출처 : 〈PMA 성공의 과학PMA Science of Success〉

39. 지식의 적용

부유해질 수 있다고 믿기 시작하자 내 마음이 바뀌기 시작했다.
- 코렌 모테카이티스Koren Motekaitis

글을 읽을 줄 안다는 건 멋진 일이다. 우리는 독서를 통해서 삶에 유용한 많은 정보들을 얻을 수 있다. 나는 책을 읽고 내용을 소화함으로써 얻을 수 있는 긍정적인 결과를 믿는다. 이러한 믿음은 내가 독서지도자 자격증을 취득하는데 한몫을 했다. 그리고 학생들이 더 나은 독자가 되어 책에서 더 많은 정보를 끌어내도록 돕고 싶었다. 독서지도자 자격증 취득을 위해 '교과 독서'라는 과목을 공부한 적이 있다. 이 과목은 책이나 시, 매뉴얼 등 텍스트에서 최대한 많은 정보를 끌어내도록 독자를 훈련시키는 기술을 알려 주었다. 이 수업 덕분에 내가 읽고 싶어 하는 자료에서 정보를 얻어 내는 귀중한 방법을 알게 되었다. 무엇보다 중요한 점은 내가 학생들에게 그 방법을 알려 줄 수 있게 되었다는 것이다.

문해력 중에는 재정적 문해력도 포함되어 있다. 이 능력은 읽고 쓸 줄 아는 능력만큼 중요하다. 재정적 문해력은 자신이 벌어들인 수입을 효율적으로 관리하는 능력이다. 많은 학생들은 자신이 부유해질 거라고 생각하지 않기 때문에 재정적 문해력에 대해 배우기를 꺼린다. 부유함은 잘못 이해하면 부정적인 함축적 의미를 담는 것처럼 보이기도 한다. 나폴레온 힐의 책 〈생각하라 그러면 부자가 되리라〉의 제목이 불쾌하게 여겨진다는 이유 때문에 책 읽기를 포기한 사람을 본 적이 있다. 그 사람에게 이 제목은 생각을 자극하기 위한 것이고, 나폴레온 힐은 물질적 부유함보다 더 많은 것에 대해서 이야기한다고 설명해 주었다. 그러자 그는 자신의 잘못된 믿음 때문에 인생을 바꿀 그 책을 멀리했다고 털어놓았다.

성경 구절에 '돈에 대한 사랑은 악의 근원'이라는 말이 나온다. 사람들은 여기서 '사랑'이라는 단어를 빼먹고 '돈은 악의 근원'이라고 해석한다. 물론 돈을 마구 모으거나 낭비해서는 안 된다. 하지만 돈을 지혜롭고 사려 깊게 사용한다면 우리는 세상에 긍정적인 영향을 미칠 수 있다. 재정적 해결 능력을 갖는 것은 인생에서 돈을 어느 위치에 놓아야 하는지, 그리고 자신과 남을 위해 돈을 어떻게 사용해야 하는지 알게 되는 것이다.

'지식은 적용할 때에만 가치가 있다'는 사실을 이해해야 한다. 자신의 삶이 불균형 상태라고 생각된다면 교육을 받고, 그 지식을 삶에 적용해 보라. 그렇게 한다면 인생에서 험난한 길을 덜 걷게 될 것이다. 어떤 분야에서 지식이 부족하다고 느낀다면 먼저 도서관에 가서 그 분야에 대한 정보를 찾아보라. 기본 정보를 습득하고 나서 조언해 줄 수 있는 멘토를 찾아보라. 생각 더하기 행동의 결과는 성공이다. 성공하려면 '아는 것을 행동으로 옮겨야 한다.' 그렇게 할 때에만 최고의 결과를 끌어낼 수 있다.

사실과 허구

- 나폴레온 힐

정확하게 생각하는 사람은 신문과 책에서 읽은 것은 물론, 라디오나 텔레비전에서 보고 들은 것도 면밀하게 살핀다. 그런 사람들은 단지 읽고 들었다고 해서 바로 그것을 사실로 받아들이지 않는다. 어떤 정보는 특정한 목적을 위해 수정되거나 과장되어 잘못된 의미를 전달하기 때문이다. 따라서 정확하게 생각하는 사람은 다른 사람의 말을 받아들일 때, 사실인지 허구인지 테스트를 해 본다. 예를 들어, 책을 읽을 때는 다음과 같은 질문을 던짐으로써 정확성을 판단해 볼 수 있다.

1. 저자가 그 분야에서 권위 있는 전문가인가?
2. 저자가 책을 쓸 때, 정보 전달 외의 다른 동기를 가지고 있었는가?
3. 저자의 의견은 대중의 의견에 영향을 미치는가?
4. 저자는 그 분야에서 책을 집필하여 이득을 보았는가?
5. 저자는 정확한 판단력을 가진 사람인가? 혹은 자기 분야에 광

적인 사람인가?

6. 저자의 말을 체크하고 확인할 수 있는 접근 가능한 자료가 있는
   가?

7. 저자의 말은 상식과 조화를 이루는가?

정확하게 생각하는 사람은 어떤 정보를 사실로 받아들이기 전에 그 정보 뒤에 숨은 동기를 찾으려고 노력한다. 분명한 동기 없이 뭔가를 말하는 사람은 아무도 없기 때문이다. 정확하게 생각하는 사람은 분명한 동기를 가지고 말하는 이들의 정보를 면밀하게 검토한다. 그런 사람들은 지나치게 열성적인 사람들의 정보를 받아들이는데 있어서도 분별력을 가지고 행동한다. 자기 삶의 방식을 설파하려고 하는 사람들을 자세히 검토하고, 그들의 방식이 자신의 방식만큼 좋은지 살펴보라.

* 출처 : 〈PMA 성공의 과학PMA Science of Success〉

40. 절약의 즐거움

돈이 이 세상을 돌아가게 하는 것은 아니다. 그러나 돈은 우리가 원하는 일을 할 수 있게 해 주고, 꿈을 이루는데 필요한 것들을 제공한다.
- 엘리자베스 도나티Elizabeth Donati

할인판매나 재테크를 싫어하는 사람은 없다. 하지만 정작 '절약'을 실천하는 사람은 별로 없다. 어떤 사람들은 절약에 부정적인 의미가 담겨 있다고 느끼기도 한다. 누군가가 절약하며 살도록 강요하는 것처럼 느끼는 것이다. 어쩌면 그들은 절약의 긍정적인 측면에 대해 배운 적이 없어서 그렇게 느끼는 것일지도 모른다.

사실 절약은 소비만큼이나 즐거운 일이다. 절약이 얼마나 즐거운지 확인해 보는 것은 어떤가? 나는 할인판매 현장에 가서 쇼핑을 한껏 즐긴 후 할인 받은 만큼 돈을 저축했다는 생각을 하면 기분이 좋아진다.

나는 독서를 매우 좋아하는 독서광이다. 그렇지만 항상 정가를 주고 책을 구입하지는 않는다. 헌책방이나 자선 단체, 구세군, 교회 바자회, 창고 세일, 재고 판매, 도서관 바자회를 통해서 책을 사곤 한다. 적은 비용으로 살 수 있는 책을 찾아다니다 보면 좋은 책을 발견하기도 한다.

오늘은 '절약'을 실천하는 내 며느리 이야기를 함께 나누고 싶다. 며느리가 편지에 쓴 이야기를 즐겁게 읽었기 때문이다. 내 며느리 루피타는 이렇게 썼다.

오늘은 해 드릴 얘기가 있어요!

며칠 전부터 식탁 옆에 걸어 둘 거울을 찾고 있었어요. 식탁과 장식품에 맞춰서 금테나 연한 갈색 테를 두른 큰 거울이 필요했거든요. 제가 원하는 거울을 찾느라고 한참이나 시간을 보냈어요. 백화점, 대형 마트, 전문 가구점, 중고 판매점 등 안 가본 곳이 없었어요. 하지만 마음에 드는 거울을 찾지 못했어요. 어쩌다 마음에 드는 거울은 가격이 너무 비쌌거든요. 결국 거울을 사지 못하고 며칠이 지났어요.

그런데 어제 저녁 무렵에 산책을 하다가 어느 집 앞에 쓰레기와 함께 버려진 거울을 발견했어요. 어두워서 잘 보이지 않았지만, 제가 딱 원하는 사이즈였어요. 그래서 집으로 가져왔답니다. 상태도 아주 좋았고, 식탁 옆 벽에 달아 보니 완벽했어요. 너무 예뻤고, 다른 가구들과도 잘 어울렸답니다. 이런 거울을 사려고 한참이나 돌아다녔는데, 결국 남의 집 쓰레기통에서 마음에 드는 거울을 찾게 되었다는 걸 믿을 수가 없어요. 제가 딱 원하던 거울을 공짜로 얻었답니다!

루피타 드림

며느리는 다른 사람의 쓰레기를 보물로 만들었던 것이다. 나 역시 새 제품을 사지 않고 중고 제품을 구해서 재활용하는 것을 좋아한다. 그렇게 하는 것이야말로 은행에 돈을 저축하는 일이다. 열정을 가지고 뭔가를 추구하면 결국에는 얻게 된다는 사실을 기억하기 바란다.

재정적 속박
- 나폴레온 힐

버는 것보다 더 많이 쓰거나, 아슬아슬하게 쓰는 습관을 가진 사람은 결코 자유로워질 수 없다. 그런 사람은 항상 다른 이의 속박 아래 살게 된다. 그렇지만 다른 누군가의 속박 아래 사는 일은 조물주가 인간을 위해 만든 목적에 어긋난다.

대기업이 자금과 직원들의 시간을 규모 있고 효율적으로 사용하듯, 재정적 속박에서 벗어나려면 개인들 역시 돈과 시간을 규모 있고 효율적으로 사용해야 한다.

절약의 원칙이 당신을 혼란스럽게 하거나 짜증나게 한다면, 이를 의무라고 생각하지 말고 자기 수양으로 나아갈 수 있는 좋은 습관을 들인다고 생각하자. 그리고 '절약'이라는 놀라운 원칙은 다른 성공 원칙들의 힘을 사용하는 도덕적 안내자와 같은 역할을 수행한다. 도덕적 원칙 없이 사용하는 힘은 위험한 힘이다. 인류 역사가 그 점을 증명하고 있지 않은가?

* 출처 : 〈PMA 성공의 과학PMA Science of Success〉

41. 자신에 대한 믿음

성공의 정도나 직업으로 사람을 정의하는 것은 실패 여부로 사람을 정의하는 것만큼이나 잘못된 것이다.

- 제임스 블레어 힐J. B. Hill

'할 수 있다'는 마음가짐은 우리가 성공의 길을 달릴 수 있게 만든다. 그러나 시도조차 하지 않는다면 결코 성공할 수 없다. 시도하는 것을 두려워하는 사람들은 기본적으로 자신감을 먼저 키워야 한다. 자신에 대한 믿음과 자신감이 없으면 스스로 세운 기대치를 충족시킬 수 없다.

뒤에 소개하는 나폴레온 힐의 '자신감 선언문'은 암기해서 실천해 볼 만한 글이다. 그의 선언문은 짧은 에세이에 담겨 있는 자기 암시인데, 오랜 시간에 걸쳐 그 효과가 증명되어 왔다. 속으로 조용히 읽든, 크게 읽든, 외워서 읽든 간에 이 선언문을 무의식에 넣음으로써 성공을 향해 한 발짝 더 나아갈 수 있다.

이 특별한 선언문은 항상 긍정적인 결과를 보장하지만, 언제 어디서 그 결과가 나타날지는 아무도 모른다. 성공할 수 있는 기회를 향해 항상 안테나를 바짝 세우고 있지 않으면 그 기회를 놓칠지도 모른다. 예를 들어, 당신이 수입 창출의 기회를 찾고 있다고 가정해 보자. 당신이 자신감을 높이지 않는다면 관심을 끄는 계획을 무시하거나 알아보지 못하고 그냥 넘길지도 모른다. 하지만 자신감 선언문을 활용한다면 당신의 의식은 기회가 왔을 때 무의식이 발견하는 것들을 받아들일 준비가 되어 있을 것이다. 나폴레온 힐은 무의식과 의식의 정의에 대해 이렇게 말했다.

"의식은 건축가와 같다. 그리고 무의식은 건설 중인 프로젝트의 '정신적 재료'를 쌓아 둔 커다란 창고와 같다. 이처럼 계획을 세우고 무엇을 할지 결정하는 것은 의식이고, 그 힘을 제공하는 것은 무의식이다."

우리가 지금까지 배워 온 성공 원칙을 적용할 때 무의식과 의식은 한 팀이 되어 움직인다. 그러나 목표와 꿈을 이루기 위해서는 먼저 펌프에 물을 붓고, 불을 지피고, 결과를 시각화하고, 오감을 사용해서 성공을 위한 준비를 해야 한다. 이렇게 하려면 자기 결정 능력과 자신감이 필요하다. 그리고 실행에 옮기기 위해 반드시 계획을 세워야 한다.

계획은 지도와 같다. 그 지도를 가지고 떠나는 여정은 차근차근 여러 지역을 건너 결국 목적지에 도달하는 삶의 과정이다. '성공은 반드시 발자국을 남긴다.'는 말을 들어 본 적이 있을 것이다. 좋은 행동이든 나쁜 행동이든 누군가의 행동을 따라한다면, 우리는 그 누군가가 가고자 하는 목적지에 도달할 수 있게 된다. 우리는 이미 성공으로 향하는 길을 알고 있고, '선택할 수 있는 능력'이라는 위대한 능력의 핵심 또한 알고 있다. 현명하게 선택하라.

자신감 선언문
- 나폴레온 힐

나는 내 삶에서 분명한 목적을 이룰 수 있는 능력을 가지고 있다는 점을 안다. 목적을 달성하기 위해 계속해서 노력하겠다고 다짐한다.

나는 마음에 가득 찬 생각이 밖으로 표현된다는 것을 깨닫고 있다. 내 마음 속에 가득 찬 생각은 물리적 행동으로 실체화 되고, 결국 현실이 된다는 점도 알고 있다. 따라서 나는 하루에 30분씩 마음을 비우고 내가 어떤 사람이 되고 싶은지에 대해서 생각할 것이다.

나는 자기 암시의 원칙을 통해 어떤 바람도 이루어질 수 있다는 사실을 알고 있다. 따라서 나는 매일 하루에 10분씩 스스로 자신감을 기르기 위해 노력할 것이다.

내 삶의 명확한 목표를 적어 두었다. 그 목표를 성취할 자신감을 충분히 얻을 때까지 나는 결코 노력을 멈추지 않을 것이다.

나는 진실과 정의 위에 세워지지 않은 부유함이나 지위는 오래 가지 않는다는 점을 알고 있다. 따라서 나는 사람들에게 유익하지 않은 일은 어떤 것도 하지 않을 것이다. 나는 다른 사람과의 협력을 통해 성공할 것이다. 다른 사람들을 돕고, 다른 사람들이 나를 돕도록 할 것이다. 나는 인류에 대한 사랑을 키움으로써 증오와 시기, 질투, 이기심, 냉소를 없애 버릴 것이다. 타인에 대한 부정적인 자세는 결코 성공을 가져다줄 수 없기 때문이다. 나는 남을 믿고, 자신을 믿고, 또 남들도 나를 믿도록 할 것이다.

나는 이 선언문에 서명하고, 마음에 새길 것이다. 그리고 이 선언문이 내 생각과 행동에 영향을 미쳐서 결국 나를 독립적이고 성공적인 사람으로 만들어 줄 것이라는 믿음을 가지고 하루에 한 번씩 크게 암송할 것이다.

이 선언문은 과학적으로 설명할 수 없는 자연의 법칙에 바탕을 두고 있다. 하지만 중요한 것은 이 법칙이 건설적으로 사용되었을 때, 인류의 영광과 성공에 도움을 준다는 것이다. 반면에, 이 법칙이 부정적으로 사용된다면 우리를 파괴할 수도 있다. 즉 실패 앞에서 무너지거나 가난, 절망, 고통 속에 삶을 끝내는 사람들은 자기 암시의 법칙을 부정적으로 사용한 것이다. 마음에 품은 생각은 실제로 발현되는 경향이 있기 때문이다.

* 출처 : 〈생각하라 그러면 부자가 되리라Think and Grow Rich〉

42. 나만의 특별한 선물

언젠가는 자신의 삶을 되돌아보고 자신만의 '방법'을 찾지 못했다고 반성할 날이 올 것이다. 왜냐하면 자신이 꿈을 이루지 않는 쪽을 선택했고, 그로 인해 자신만의 방법을 찾을 기회가 없었기 때문이다.
- 제임스 블레어 힐J. B. Hill

삶의 목표는 '인생에서 이루어야 할 것들'을 바탕으로 한다. 그리고 그 목표가 무엇인지 일단 찾으면 그 목표를 이루는데 일생이 걸릴 지도 모른다. 삶의 진짜 목표는 우리의 인격과 영적인 자아를 합친 결과물이다. 인격과 영적인 자아를 합친 결과물은 오직 자신만이 세상에 선사할 수 있는 특별한 선물이기 때문이다. 다시 말해, 우리 모두는 세상에 선사할 뭔가 특별한 선물을 가지고 있다는 것이다. 그러므로 이 선물을 베푸는 일을 결코 미루어 두어서는 안 된다. 그렇게 되면 이 선물을 영영 잃어버릴 수 있기 때문이다.

시인 랭스턴 휴즈Langston Hughes의 시를 소개한다. 그의 시를 통해 우리는 꿈을 미루어 두는 행동의 결과가 좋지 않다는 것을 알 수 있다. 그리고 잃어버린 꿈을 다시 찾는 것은 매우 어렵기 때문에 아무리 어려운 환경에서도 꿈을 포기해서는 안 된다.

환경이 어려울 때는 강한 자만이 살아남는다는 말을 들어본 적이 있을 것이다. 나폴레온 힐은 '불가능'이라는 말을 가장 싫어했다. 역경을 딛고 일어서서 할 수 있는 모든 것을 하자. 당신은 이 세상에 선사할 귀중한 보물을 가지고 있다. 이 세상에 특별한 선물을 선사하는 일을 미루지 말자.

미루어 둔 꿈

미루어 둔 꿈은 어떻게 될까?
햇볕 속 건포도처럼 말라비틀어질까?
아니면 종기처럼 곪아 흘러내릴까?
썩은 고기처럼 악취가 날까?
아니면 끈끈한 단 것처럼 딱딱해져서 설탕이 될까?
어쩌면 무거운 짐처럼 축 늘어질까?
아니면 폭발해 버릴까?

열네 가지 감정

- 나폴레온 힐

　　자기 수양은 생각을 지배하는 것에서부터 시작된다. 만약 생각을 통제하지 못한다면, 행동 역시 통제할 수 없다. 자기 수양은 자신으로 하여금 먼저 생각하고 그 뒤에 행동하도록 만든다. 대부분의 사람들은 이와 반대로 행동하곤 한다. 그들은 주로 먼저 행동하고 나서 생각한다. 자기 수양을 통해 마음과 생각, 그리고 행동을 통제하지 않는다면 늘 같은 일을 하게 될 것이다.

　자기 수양을 하면 아래 나열된 열네 가지 감정을 완전히 통제할 수 있다. 그중 일곱 개는 긍정적인 감정이고, 나머지 일곱 개는 부정적인 감정이다.

- 긍정적인 감정 : 사랑, 성욕, 희망, 신뢰, 열정, 충성심, 바람
- 부정적인 감정 : 두려움, 질투, 증오, 복수심, 탐욕, 분노, 미신

이 모든 감정들은 마음의 상태이기 때문에 충분히 통제할 수

있다. 특히 부정적인 감정은 제대로 조절되지 않으면 매우 위험해진다. 뿐만 아니라, 긍정적인 감정도 의식적으로 조절되지 않으면 파괴적일 수 있다는 점을 유념해야 한다.

마음속에 존재하는 열네 가지 감정은 폭발적인 힘을 가지고 있다. 이 힘을 제대로 관리한다면 빠른 시간 안에 성공의 길을 달릴 수 있다. 하지만 감정들이 마구 날뛰도록 내버려 둔다면 그 즉시 실패에 직면하게 된다.

* 출처 : 〈PMA 성공의 과학PMA Science of Success〉

43. 감사하는 마음

매일의 삶을 추수감사절이라고 생각하고 감사하는 마음을 길러라.
그렇게 한다면 우리는 꿈으로 향하는 여정에서 의미 있는 경험들을
얻게 될 것이다.

- 레이븐 블레어 데이비스Raven Blair Davis

오래전 유럽 여행을 하던 중에 '걱정 구슬'을 발견하고 구입했는데, 이 구슬을 이용해서 스트레스와 걱정을 줄이는 방법이 굉장히 흥미로웠다. 몇 년 전에 이 구슬을 유럽에서 다시 보게 되었는데, 구슬 이름을 '걱정 구슬'이 아니라 '감사 구슬'로 바꾸는 것이 어떨까 하는 생각이 들었다. 걱정을 세어 보면서 문제에 초점을 맞추는 것이 아니라, 축복에 초점을 맞추고 감사하는 것이 훨씬 낫지 않을까?

최근에 자메이카를 여행하면서 흥미로운 이야기를 들었다. 자메이카 사람들은 이 세상에 '문제'라는 것은 없으며, 오직 '상황'만이 존재한다고 여긴다는 것이다. 이 이야기는 우리가 생각하는 것으로 이루어져 있으며, 우리가 생각하는 대로 된다는 말을 떠올리게 했다.

우리 마음은 긍정적으로 채색할 수도 있고, 부정적으로 채색할 수도 있다. 그리고 그 선택은 우리들 자신에게 달렸다. 스스로 '문제가 있다'고 여긴다면 정말로 문제가 생기게 된다. 하지만 문제를 그저 '특정한 상황'이라고 여긴다면 덜 부정적인 시각으로 상황을 바라보게 된다. 문제가 없다고 여기는 태도는 스스로를 부정적인 태도에서 벗어나게 만든다. 앞에 닥친 문제를 그저 특정한 상황으로 받아들이는 순간, 부정적인 자세는 힘을 잃는 것이다. 자신의 문제를 문제가 아닌 '특정한 상황'으로 다시 정의해 보자. 그러고 난 뒤, 예전에 비해 자신이 걱정을 덜하게 되었는지 살펴보자. 인생을 좀 더 긍정적으로 바꾸는데 필요한 일은 그저 단어 하나를 바꾸는 것뿐이다.

'감사하기' 연습은 인생에서 감사한 모든 것을 노트에 적어 보는 것이다. 이 연습을 쉽게 시작할 수 있도록 내가 작성한 리스트를 예로 들겠다.

나는
집에 돌아왔을 때 가르랑거리는 고양이 소리에
제철 맞은 라즈베리 맛에
예열해 놓은 전기담요의 따뜻함에
중서부의 가을, 낙엽 타는 냄새에
멀리 떨어져 있는 친구에게서 온 손 편지에
긴 여행을 마치고 집으로 돌아와서 누운 침대에
플로리다에 있는 여동생 집을 방문한 일에

일기를 쓰는 아침 시간에 주방 탁자에서 타고 있는 촛불에

연휴 동안 문에 걸려 있는 솔방울 향기에

쉬는 동안 읽으려고 헌책방에서 산 소설책에

친구, 가족, 전 세계에 있는 지인들로부터 온 메일에

문 앞에 도착한 기대하지 않은 선물에

감사한다.

자, 이제 알겠는가? 이제 당신의 걱정을 헤아리거나 잠을 이루기 위해 숫자를 세지 말고 가장 좋아하는 것들을 세어 보는 것은 어떤가? 당신이 인생에서 즐기는 것들을 적어 본다면, 분명 기분이 좋아질 것이다. 우리는 우주로부터 받는 선물을 감사히 여기는 마음만으로도 기분이 좋아질 수 있다. 이제 우리가 당연하게 여겼던 것들이 얼마나 놀라운 것들인지 살펴보자.

먼저 오감부터 시작해 보자. 당신이 보는 것, 듣는 것, 맛보는 것, 냄새 맡는 것, 만지는 것을 얼마나 즐기는지 자신에게 물어 보자. 자신에게 감각이 없다고 생각해 보자. 예를 들어, 당신이 듣지 못한다면 어떤 것들을 잃게 될까? 우리는 많은 것들을 당연하게 여기면서 살아가고 있다. 그러므로 우리가 누리고 있는 것들을 한두 번만 감사하는 것으로는 충분하지 않다. 우주와 자연으로부터 받는 모든 것들에 대해 하루도 빠지지 않고 "감사합니다."라고 말해야 한다. 이렇게 연습하다 보면 긍정적인 관점이 이 세상을 색칠하게 된다.

나눔의 즐거움

- 나폴레온 힐

나눔의 즐거움을 배우지 못한 자는 결코 진정한 행복의 길로 들어갈 수 없다. 행복은 나눔으로부터 오기 때문이다. 또한 풍요로움은 다른 사람을 돕는 나눔의 과정을 통해 더 늘어난다는 사실을 늘 기억하자. 인간의 마음속에 있는 공간은 축복을 나눔으로써 채울 수 있다는 사실 또한 잊지 말자.

물질적인 풍요로움이든 아니든, 나누지 않는 풍요로움은 줄기가 잘린 장미처럼 시들어 사라져 버릴 것이다. 사용되지 않는 것은 부패해서 사라져 버리는 것이 자연의 법칙이다. 그리고 이 법칙은 인간의 신체 속에 존재하는 세포에 적용되듯이 인간이 가진 물질적인 재산에도 적용된다.

* 출처 : 〈풍요로움으로 가는 비결The Master-key to Riches〉

44. 좋은 일과 나쁜 일

나는 간단한 철학을 지키며 산다. 내가 좋은 일을 할 때, 그 결과로 기분이 좋아진다. 하지만 반대로 내가 나쁜 일을 할 때는 기분이 나빠진다.

- 에이브러햄 링컨Abraham Lncon

세상에는 우울한 뉴스들이 많다. 우리는 인간이 다른 인간에게 얼마나 비인간적일 수 있는지를 목격하며 살아간다. 증오, 권력 남용, 신뢰 부족, 살인, 혼란에 대한 이야기들이 매일 저녁 뉴스에서 방송되기 때문이다. 이런 뉴스들을 매일 접하면 우울해지는 것은 물론 세상을 위험하고 부정적인 곳으로 바라보게 된다. 평범한 사람이 긍정적인 변화를 만들어 보려고 해도 모든 것이 잘못된 것만 같은 이 세상에서는 불가능한 일처럼 보인다.

내면의 세계와 외면의 세계가 조화를 이루게 하려면 평화로운 마음을 가져야 한다. 평화로운 생각만 하고, 그에 이어서 평화로운 행동을 해야 한다. 이렇게 하는 것이 말처럼 쉽지는 않지만, 자기 수양을 통해서 평화로워질 수 있다. 이 세상에서 평화를 지키는 시민이 되도록 긍정적인 방법으로 자신을 훈련시키고, 평화로운 행동을 취해야 한다. 반사회적인 사람이 되는 건 쉽지만, 평화롭고 긍정적인 사람이 되는 건 자기 수양과 조절을 통해서만 가능한 어려운 일이다. 버럭 화를 내는 행동과 어떻게 반응할 것인지를 먼저 생각하는 행동의 결과는 천지 차이다.

우리는 나쁜 일이 아니라 좋은 일을 함으로써 이 세상의 잘못된 상황을 바로잡아야 한다. 나쁜 일들은 뉴스거리가 되지만, 좋은 일들은 성공으로 향하는 길을 열어 준다. 우리는 옳은 것과 그른 것을 구분할 줄 아는 위대한 힘을 사용해야 한다. 우리는 좋은 일을 하면 기분이 좋아지고, 나쁜 일을 하면 기분이 나빠진다. 그렇다면 나쁜 일을 피하고 좋은 일만 하는 것이 당연하지 않은가? 그럼에도 불구하고 우리는 왜 나쁜 일을 피하고 좋은 일을 추구하지 않을까? 아마도 개인적 만족을 위해서, 혹은 다른 사람들이 그렇게 하지 않기 때문에, 아니면 눈에 보이는 보상이 없기 때문에, 또는 좋은 일을 하는 방법을 몰라서 그럴지도 모른다.

어떻게 하면 좋은 일을 할 수 있을까? 우리는 한 번에 한 걸음씩 긍정적인 방향으로 나아가야 한다. 스스로에게 간단한 질문을 던져 보자. '세상을 더 나은 곳으로 만들기 위해서 나는 무엇을 할 수 있는가?' 그리고 마음속에서 들려오는 작고 고요한 소리에 귀 기울여 보자. 그 목소리는 당신에게 이렇게 말할 것이다.

'다른 사람의 불행을 이용하거나, 다른 사람의 업적을 깎아내려서 그들을 낙담시키면 안 돼!'

변화에는 시간이 필요하다. 변화는 하룻밤 사이에 일어나지 않는다. 우리가 긍정적인 방향으로 나아가기로 결심했다면, 우리 앞에 긍정적인 선택과 부정적인 선택이 놓여 있다는 점을 깨달아야 한다. 자신과 타인을 위해서 세상을 더 나은 곳으로 만들고 싶다면, 지금 당장 다른 사람을 위해서 좋은 일을 해보자. 그 전까지 세상은 변하지 않을 것이다.

베풀고 받는 일은 세상을 조화롭게 만든다. 오늘 무언가 좋은 일을 하는 행동이 조화로운 세상을 만든다. 대가를 바라고 좋은 일을 하지 말자. 그렇게 한다면 기대조차 하고 있지 않을 때, 그리고 딱 알맞은 시기에 합당한 대가가 찾아올 것이다.

희망, 열정, 믿음의 조합

- 나폴레온 힐

열정은 내면의 자질로 향하는 문과 같다. 열정은 우리가 하는 말에 깊은 신념을 실어 주고, 그 신념을 영혼 안쪽 깊은 곳까지 투영시킨다. 위대한 사상가 에머슨은 이렇게 말했다.

"열정 없이는 어떤 위대한 일도 이룰 수 없다."

아마도 에머슨은 내면의 숨겨진 힘을 찾아내었고, 자신의 이름을 후세에 길이 빛나게 만든 내면의 힘을 느꼈을 것이다.

사회사업가 헬렌 켈러의 영혼 속 깊은 곳에 있던 열정의 힘 또한 에머슨이 가졌던 열정의 힘과 같은 것이다. 그 힘은 그녀가 보고 듣지 못하고, 말하지 못함에도 불구하고 믿음을 갖도록 격려한 힘이었다.

열정의 힘은 에디슨이 1만 번 이상의 실패를 이겨내고 백열전구의 비밀을 밝히도록 이끌었다. 에디슨의 성공을 연구한 심리학자들은 그의 인내심이 목표를 향한 그의 끊임없는 열정에서 나왔다는 점에 모두 동의했다.

열정의 힘은 조지 워싱턴이 극복할 수 없을 것 같은 장애물에 직면해서도 계속 싸워 나가고, 결국 미국을 수호하는 자유정신 아래 독립을 이끌게 만들었다. 또한 에이브러햄 링컨이 남북전 쟁을 성공적으로 이끌어 미국을 구할 수 있게 만들었던 것도 열 정의 힘이었다. 당신은 이렇게 물을 것이다.

"어떻게 하면 열정의 힘을 얻을 수 있습니까?"

열정의 힘을 얻는 과정은 간단하다. 조물주가 우리로 하여금 이 힘을 통제할 수 있도록 우리를 창조했기 때문이다.

가장 먼저 '희망'을 갖는 것에서부터 시작해야 한다. 목표를 이 룰 수 있다는 희망을 가져야 한다. 뜨겁게 달아오른 희망은 목표 에서 비롯된 열정을 불어넣음으로써 믿음이 불타오르게 만든다. 이러한 과정은 평범한 바람이 불타는 갈망이 될 때까지 계속되 어야 한다. 희망, 열정, 믿음은 이 과정의 키워드다. 이 세 요소 는 매우 밀접하게 연결되어 있다. 이 세 가지 요소가 명확한 목 표와 함께 합쳐지면 마음의 힘을 무한으로 사용할 수 있게 된다.

희망은 소망과 같아서 마음속에 품는 것만으로는 아무런 가치 가 없다. 희망은 명확한 목표와 열정, 그리고 믿음과 함께 조합 되지 않는 이상 의미가 없다.

희망, 열정, 믿음을 조합하는 과정은 자기 수양을 통해서 이루 어진다. 열정이 잘 조직되고, 조절되고, 분명한 결과를 향해 나 아갈 수 있는 것은 자기 수양 덕분이다. 열정과 관련이 있고, 열 정을 조절하는데 도움이 되는 나폴레온 힐 성공철학의 다른 원 칙들은 다음과 같다.

- 명확한 목표
- 훌륭한 친구들
- 유쾌한 성품
- 자기 주도성
- 실패로부터 배우는 습관
- 최선을 다하는 습관
- 실천하는 믿음
- 창의적인 비전
- 집중
- 건강한 습관
- 정확한 생각

이상의 열두 가지 원칙들을 적용한다면 보다 쉽게 열정을 통제할 수 있게 된다. 당신도 열정의 힘을 발휘할 수 있는 주인공이 될 수 있다.

역사에 길이 남은 훌륭한 인물들은 훌륭한 희망을 품고 있었다. 앞서 주어진 원칙을 따른다면 당신도 그런 희망을 품고 이룰 수 있다. 인생을 살면서 가치 있는 것들을 얻기 위해서는 최선을 다해 노력해야 한다는 점, 그리고 대가를 치르지 않고 오는 것은 없다는 점을 기억하라. 이 원칙들을 습관으로 삼고 노력해야 한다. 이 원칙을 알고 있는 것만으로는 소용이 없다. 이 원칙들을 생활에 적용해야만 희망을 이룰 수 있다.

열정은 신체와 정신 에너지의 조합이다. 열정은 건강한 몸에서 불타오른다. 경제적인 성공은 의식적으로 성공을 생각하는 마음가짐에서 오고, 건강한 신체는 의식적으로 건강을 생각하는 마음가짐에서 온다는 점을 기억하자.

* 출처 : 〈PMA 성공의 과학PMA Science of Success〉

45. 집단적 사고

> 부유한 사람들은 가난한 사람들이 기피하는 위험을 기꺼이 감수한 사람들이다. 가난한 사람들은 위험을 피하면서 성공하기를 바란다. 그러나 성공하고 싶다면 큰 위험을 기꺼이 감수해야 한다. 그렇게 할 때, 그 위험에 상응하는 보상이 찾아온다.
>
> - 매들린 케이Madeleine Kay

집단적 사고group think라는 말을 들어본 적이 있는가? 집단적 사고는 국가나 문화, 조직, 가족 등 비슷한 사고를 하는 사람들 사이에 생겨나는 생각의 패턴이다. 다음 질문에 대해 생각해 보자.

당신은 크고 작은 '집단적 사고'에 영향을 받는가?

결정을 내릴 때 생각의 자유를 포기함으로써 나타나는 결과는 무엇인가?

이미 존재하는 생각의 흐름을 타는 것은 쉽고 간단한 해결책처럼 보인다. 하지만 이것은 매우 해로운 결과를 가져오며, 우리를 오래된 생각의 틀에 갇히게 만든다. 그리고 이 생각의 틀은 우리의 생활과 운명을 지배한다. 마치 자기 충족적 예언처럼 말이다.

예를 들어, 부모의 소득 수준이 높지 않기 때문에 자신은 부유해질 수 없을 거라는 생각을 받아들였다고 가정해 보자. '집단적 사고'는 쿠키 틀과도 같다. 쿠키 반죽을 테이블에 펼쳐놓고 틀을 찍을 때, 당신이 가진 틀이 소나무 모양 밖에 없다면 쿠키는 소나무 모양만 구워져 나올 것이다. 그러나 별이나 종 모양 쿠키를 만들고 싶다면, 당신은 창의력을 발휘해서 쿠키를 예쁘게 잘라낼 수 있다. 결국 선택은 당신 손에 달려 있다.

마찬가지로, 우리가 재산을 관리할 때 이미 다른 사람들이 걸어간 길을 따라갈 수도 있고, 눈에 익은 길에서 벗어나 새로운 방법을 시도할 수도 있다. '새로운 것'은 학교 교육이 될 수도 있고, 공인된 교육을 받거나 여행, 투자, 위험을 감수하는 일이 될 수도 있으며, 창의적인 아이디어를 적용하는 일이 될 수도 있다. 필요한 것은 좋은 계획과 그에 뒤따르는 실천이다. 그리고 계획이 별로라면 목표를 다시 세우는 것이 아니라, 계획을 살짝 수정하는 것이 성공에 도움이 될 수도 있다.

누군가로부터 '당신은 할 수 없을 것'이라는 말을 들었는가? 그들은 무슨 권리로 당신에게 그런 말을 하는가? 당신은 그 사람의 집단에 들어가 있는가? 항상 당연하게 믿고 있는 믿음을 오늘 시험해 보는 것은 어떤가? 믿음은 안전지대와 같다. 안전지대는 보송보송한 실내복이 될 수도 있고, 당신을 구속하는 제복이 될 수도 있다. 보송보송한 실내복을 입을지, 제복을 입을지를 결정하는 것은 당신이다. 당신의 생각을 통제하고, 감정을 조절하고, 스스로 운명의 주인이 되자.

부의 순환
- 나폴레온 힐

한 사람이 소유한 부는 다시 순환되어야만 더욱 부유해질 수 있다. 인간은 풍요로움을 나눔으로써 행복과 마음의 평화를 얻을 수 있다. 물론 판매자와 구매자 사이의 비즈니스 관계는 사랑의 관계라고 할 수 없다. 하지만 비즈니스 관계에 있는 두 사람에게 모두 이익을 베풀겠다는 마음은 행복해지는데 도움이 된다. 헨리 포드는 이런 말을 남겼다.

"나는 우리가 만드는 모든 차에 내 마음을 조금씩 불어 넣습니다. 우리가 판매하는 차를 단지 돈을 벌어 주는 대상으로 보지 않고, 구매자에게 편리함을 가져다주는 대상으로 봅니다."

토마스 에디슨 역시 이런 말을 남겼다.

"나는 다른 사람에게 도움이 되지 않는 발명은 결코 하지 않습니다."

고객에게 상품 이상의 가치를 제공해야 한다는 생각은 새로운 아이디어가 아니다. 이런 생각은 오래전부터 기업과 고객 모두에게 이익을 가져다주었다. 하지만 고용주와 고용인 사이의 바람직한 관계는 그리 오래 되지 않았다. 수천 명을 고용하는 대기업들이 생겨나고 몇 세대도 지나지 않았다는 점을 생각해 보면 당연한 일이다. 그동안 사업주들은 기업 활동을 통해 큰돈을 벌었지만, 그 과정에서 고용인들은 형편없는 대우를 받기도 했다.

과거의 수많은 '산업 해적'들은 자신의 부유함을 고용인들과 나누려고 하지 않았다. 그들은 뉴욕이나 뉴포트, 팜비치 같은 곳에서 부유함을 자랑하면서 세상에는 더 나은 삶을 누릴 권리가 있는 수많은 사람들이 존재한다는 사실을 비웃었다.

오늘날의 백만장자들은 과거의 백만장자들과는 다르다. 그들은 가난한 사람들이 들어갈 수 없는 계층을 만들고 싶어 하지도 않는다. 이동 주택 사업으로 큰돈을 번 아서 데시오Arther Decio는 이런 말을 남겼다.

"15년 전이나 40년 전과 달리 오늘날에는 앞서 나가는 것이 쉬워졌습니다. 인구 증가와 개인 소득의 엄청난 증가를 보세요. 이 나라는 기회로 가득 차 있습니다."

부유함이 적절하게 분배되지 않는다면 기회는 사라지기 마련이다. 고용주들은 고용인들의 가치를 잘 인식하고, 함께 일하는 사람들을 '산업 파트너'라고 생각해야 한다. 우리는 역사를 통해 자본주의 체제가 부유함을 가장 널리 퍼뜨릴 수 있는 체제라는 것을 봐 왔다.

* 출처 : 〈부유해져라! 마음의 평화와 함께Grow Rich! With Peace of Mind〉

46. 생각을 뒷받침하는 행동

세상의 모든 전문가들을 데려온다고 하더라도 당신에게 명확한 비전이 없고, 그들과 어떤 비즈니스를 함께 할지 모른다면 실패자가 되고 말 것이다.

- **짐 로흐바흐**Jim Rohrbach

어떤 사람은 성공하게 만들고, 어떤 사람은 실패하게 만드는 특별한 요소는 무엇일까? 나폴레온 힐은 성공한 사업가 500명을 분석한 후, 진취성과 근성이 성공의 중요한 비결이라고 결론지었다. 하지만 안타깝게도 오늘날 많은 사람들이 성공이 그렇게 힘들다고 생각하지 않는다. 무의식에 들어 있는 이 잘못된 믿음은 많은 사람들이 성공을 쉽게 얻을 수 있는 것으로 생각하게 만든다.

나폴레온 힐은 '생각'의 중요성을 언급하면서, 생각은 반드시 행동으로 뒷받침되어야 한다고 강조했다. 문제는 성공하기로 마음먹은 많은 사람들이 어떤 행동을 취해야 할지 모른다는 것이다. 자기 인생의 성공 나침반이 없을 때, 어떻게 방향을 잡을 수 있을까? 그럴 때는 진취성과 근성을 행동으로 옮김으로써 방향을 잡을 수 있다. 추진력과 행동 규범 없이는 그 어떤 것도 이룰 수 없다. 목표를 위해 행동을 취하기로 마음먹으면 자신이 선택한 방향으로 한 걸음 더 내딛고 싶다는 바람을 품게 된다.

지금보다 더 나은 사람이 되기를 꿈꾸고 바라는 사람들에 대해 생각해 보라. 그들은 꿈을 현실로 이루기 위해 어떤 행동을 취하는가? 그들은 자신의 아이디어나 서비스를 판매할 수 있는 기회를 찾아다니는가? 아니면 누군가가 그저 문을 두드려 주기를 기다리는가? 누구든 명확한 목표를 세우고, 목표를 이룰 기한을 정하는 쉬운 일부터 시작함으로써 자신의 꿈을 행동으로 옮길 수 있다. 그러고 나서 단계별로 목표를 이루기 위해 꾸준히 계획을 수행해 나가는 것이다. 계획이 무엇이냐는 중요하지 않다. 중요한 것은 계획이 자신과 잘 맞는지, 그리고 다른 사람에게 해를 끼치지 않는지, 자신이 추구하는 기회들을 제공하는지 여부에 달려 있다.

목표와 계획을 선택하는 것이 어렵다면 이미 존재하고 있는 계획을 모방해 보는 것은 어떤가? 우리는 다른 사람이 따르기로 한 계획을 따라갈 수도 있다. 고등학교 졸업장, 대학 졸업장, 혼인 신고서, 종교 단체에서 한 서약은 모두 사람들이 따르기로 한 계획들이다. 그리고 이 계획들은 다른 사람들에 의해 이루어진다. 먼저 연습을 시작해 보자. 당신이 아직 무언가 대단한 일을 이루지 못한 '평범한' 사람이라면 간단한 것을 연습하는 작은 일부터 시작해 보자. 그러고 나서 큰일들로 옮겨 가면 된다. 무엇보다 첫 술에 배부를 수 없다는 점을 항상 기억하자.

당신 삶에서 이미 이룬 계획들을 돌아보라. 목표를 이루기 위해 진취성과 근성을 어떻게 발휘했는지 생각해 보라. 일단 지도를 이해하면 그 지역을 실제로 답사하는 일은 어렵지 않다. 당신은 진취성과 근성을 통해 어떤 목표든지 이룰 수 있다는 점을 기억하라. 진취성과 근성은 꿈을 이룰 수 있게 만드는 요소다. 목표를 이루기 위해 실천해 보지 않겠는가? 명확한 목표를 이루기 위해 진취성과 근성을 행동으로 옮길 때, 당신은 성공의 길을 달려 갈 수 있게 될 것이다.

적극성과 기회

- 나폴레온 힐

오늘부터 당신은 진취적인 사람에게 찾아오는 기회를 반드시 잡아야 한다. 그 기회야말로 성공으로 향하는 길에서 가장 중요한 표지판이기 때문이다. 성공의 표지판으로 향하는 지침은 매우 간단하고, 따라 하기도 쉽다. 앞으로 열흘 동안 다른 사람이 시키지 않는 일을 매일 하나씩 적고 실천함으로써 진취성을 길러 보라. 당신에게 지침을 주는 조언가를 제외하고는 누구에게도 이에 대해서 말하지 말라. 당신이 하는 일이 지시 받은 일만 해야 하는 직종이라면, 지금 하고 있는 일의 속도를 높여서 평소보다 더 빨리 해 보자.

이렇게 열흘 동안 계속한다면 상사의 눈에 띄게 될 것이다. 열흘이 지나면 진취성을 실천한 결과가 무엇이었는지 살펴보고 머릿속에 각인시키자. 진취성은 당신에게 더 좋은 일을 안겨 주고, 더 높은 월급을 받게 해 주며, 인생에서 품은 목표를 반드시 이루도록 도와 줄 것이다.

* 출처 : 〈나폴레온 힐 매거진Napoleon Hill's Magazine〉

47. 긍정의 선물 꾸러미

긍정적인 마음은 어떻게든 할 수 있는 방법을 찾지만, 부정적인 마음
은 어떻게든 할 수 없는 방법을 찾는다.

- 나폴레온 힐Napoleon Hill

오늘은 크리스마스다. 그리고 진실한 마법은 우리 각
자의 마음속에 있다. 크리스마스의 마법도 마찬가지다. 생각은
삶에서 마법 같은 결과를 가져온다. 세속적인 것들은 우리를 진
실로 행복하게 만들어 줄 수 없다. 우리는 마음에서 우러나온 선
물이야말로 최고의 선물이라는 것을 깨달아야 한다. 올해, 마음
에서 우러나온 선물을 준비했는가? 가까운 사람들과 소중한 사
람들을 위해 선물을 준비할 시간은 아직 남아 있다. 항상 '마음을
담은' 선물을 준비하자. 마음이야말로 선물을 장식할 가장 훌륭
한 리본이 될 것이다.

오늘은 한 해 동안 당신의 선물 꾸러미를 채워 줄 나폴레온 힐
의 명언을 준비했다. 그중에는 명언도 있고, 생각을 자극하는 말
들도 있고, 친구들에게 보내는 말도 있으며, 우주와 자연에게 보
내는 감사의 표현도 있다. 이 명언들을 친구와 지인들에게 선물
해 보자. 그들 역시 이 명언들을 소중히 여길 것이다.

나폴레온 힐의 명언

훌륭한 스승은 언제나 훌륭한 학생이다.

큰일은 작은 일들이 모여서 생겨난다.

삶이 자신을 괴롭히게 내버려 둔다면, 삶은 계속해서 자신을 내버려 두지 않을 것이다.

등 뒤에 있는 두려움의 문을 닫아라. 그리고 눈앞에 있는 성공의 문이 얼마나 빨리 열리는지를 보라.

자신의 꿈을 이룰 분명한 계획을 세우고, 준비되었든 준비되지 않았든 그 계획을 즉시 행동에 옮겨라.

예절은 교육에서 오는 것이 아니라, 상식에서 오는 것이다.

행동이 뒤따르지 않는 결정은 쓸모없는 것이다.

지금 바로 행동하라. 누군가가 지시하기 전에 시작하라.

적당히 원하는 것을 가졌다고 만족한 채 눌러앉지 마라.

목표 없이 살아가는 것은 실패의 첫 번째 원인이다.

위대한 업적은 끈질긴 노력에서 온다.

행복은 가지고 있는 것이 아니라, 행동함으로써 나누는 것이다.

우리는 다른 사람을 도울 때만 행복을 찾을 수 있다.

누군가 내 소원을 하나만 들어주겠다고 한다면, 나는 지혜를 청하는 소원을 빌겠다.

인생에서 자신이 무엇을 원하는지 모른다면 어떻게 그것을 얻을 수 있겠는가?

일단 목적을 정하고 나면 자신을 도울 수 있는 것들을 더 많이 보게 될 것이다.

불만족스러운 세상에 변화를 가져오고 싶다면, 자신부터 변화를 시도하라.

성공한 사람을 부러워하지 말고 그들을 따라하라.

자신이 성공한다고 다른 사람이 실패하는 것은 아니다.

자신은 앞서 가고 있으며, 생각하는 대로 될 것이라는 믿음이 가장 중요하다.

원하는 것에 대해서만 계속 생각하고 원하지 않는 것은 마음에서 떼어내라.

자신이야말로 살아 있는 사람 중에서 가장 중요한 사람이다.

인간의 두뇌에서는 땅에서 캘 수 있는 것보다 더 많은 금을 캘 수 있다.

그 누구도 혼자서는 위대한 업적을 이룰 수 없다.

다른 사람들과 함께하지 않는 한, 영원한 성공을 이룰 수 없다.

두 사람의 지성이 모이면 세 번째 보이지 않는 힘이 반드시 생긴다. 그 힘은 '세 번째 지성'이다.

'부탁해요'라는 짧은 말에는 큰 힘이 담겨 있다.

매일 기도와 명상을 통해 자신이 받은 것들에 대한 감사를 표하라.

어떤 생각 덩어리는 금 덩어리보다 큰 값어치가 있다.

어떤 사람들은 삶의 바다를 항해하기 위해 시련의 바람을 이용하는 법을 배운다.

적과 싸우는 것보다 협력하는 것이 현명할 때도 있다.

노력을 반복하면 속도와 기술을 익힐 수 있다.

입에서 나오는 말은 인상을 남기고, 종이에 쓰인 말은 흔적을 남긴다.

성공은 성공을 끌어들이고, 실패는 실패를 끌어들인다.

성공한 사람들은 원하는 것에만 초점을 맞추고, 원하지 않는 것은 마음에서 떼어낸다.

당신이 오늘 생각하는 대로 내일 이루어질 것이다.

상상력은 영혼의 작업장과 같아서 성공에 필요한 계획들을 만들어 낸다.

의식은 사용함으로써 성장하고, 나태함을 품을 때 멈춘다.

자신을 갈고 닦을수록 남들에게 쓴 소리를 덜 듣게 된다.

성공의 가장 중요한 요소는 자신에 대한 믿음이다.

자연은 게으름을 가장 싫어한다.

인간이 완벽하게 통제할 수 있는 유일한 힘은 '생각의 힘'이다.

목표를 이루는 비결은 행동하는 것이다.

말에는 힘이 있다. '절대, 오직, 아무것도, 모두, 모든 것, 아무도, 할 수 없다'와 같은 단정적인 말은 사용하지 마라.

베풀지 않고 받으려는 건 씨앗을 뿌리지 않고 수확하려는 것과 같다.

의식이 품고 믿는 것이 무엇이든 간에, 당신의 의식은 그것을 이룰 수 있다.

당신이 할 수 있다고 믿는다면 실제로 할 수 있다.

의식은 품고 있는 것들을 계속 끌어들인다. 원하는 것에 대해서만 계속 생각하고, 원하지 않는 것은 마음에서 떼어내라.

자신의 한계는 마음속에 스스로 정한 것이다.

평판은 다른 사람들에 의해 만들어지지만, 성격은 스스로에 의해
만들어진다.

성공과 실패는 마음에 달려 있다.

자신에게 주는 선물

- 나폴레온 힐

내가 제안하는 선물은 당신이 스스로에게 줄 수 있는 것이다. 그리고 이 선물은 당신이 완벽하게 통제할 수 있으며, 당신의 삶을 완전히 바꿀 수 있다. 이 선물을 통해 당신이 경험하는 모든 상황, 그리고 다른 사람과 함께하는 모든 순간이 당신에게 유익함을 가져다주게 될 것이다.

이 선물은 당신의 외로움과 시련을 내면의 강한 자질로 바꾸어 준다. 그 자질은 시련이 닥쳤을 때도 당신에게 새로운 힘을 줄 것이다. 이 선물은 모든 형태의 두려움을 마음에서 몰아내는 대신 믿음을 심어 줄 것이다. 이 선물 덕분에 당신은 모든 행동을 직접 선택할 수 있게 될 것이다.

이 선물은 너무나 놀라워서 사랑하는 사람들의 삶에까지 영향을 미치고, 그들이 더 가치 있는 삶을 살게 만들어 줄 것이다. 이 선물은 직장에서 더 앞으로 나아갈 수 있는 새롭고 예상치 못했던 기회들을 제공할 것이다. 이 선물은 방치되어 차가워졌던 사랑과 우정에 다시 불을 지필 것이다.

이 선물은 모든 신체적 질병의 원인을 없애고, 당신에게 건강하고 역동적인 신체를 줄 것이다.

이 선물은 당신의 적들을 친구로 바꾸는 마법 같은 힘을 가지고 있다. 이 선물은 당신의 악수와 말에 힘을 실어 줄 것이다. 당신의 말에는 전에 없었던 힘이 실리게 되고, 다른 사람들은 당신을 주목하고 존경을 표하게 될 것이다.

이 선물은 당신이 정확하고 분명한 결정들을 내릴 수 있도록 도와 줄 것이다. 당신이 스스로 줄 수 있는 이 선물을 대체할 수 있는 건 아무것도 없다.

이 선물의 이름은 '긍정적인 자세'다. 이 선물을 받으려면 감사하는 마음을 가져야 한다. 이 선물을 받을 수 있는 유일한 방법은 습관을 잘 통제해서 감사하는 마음을 자신의 삶에서 첫 번째로 두는 것이다.

* 출처 : 〈무한 성공Success Unlimited〉

48. 상상의 에너지

우리는 일을 그만두거나, 학교로 돌아가거나, 안전지대에서 벗어나기를 두려워한다. 그렇게 한다면 인생을 반만 사는 것이다. 친구여, 그렇게 사는 인생은 '생각하고 부유해지는 인생'이 아니다.
- 마커스 페이튼Marcus Paton

활기찬 삶을 소망해 본 적이 있는가? 절반의 시간 내에 일을 두 배로 해내기를 소망해 본 적이 있는가? 등 뒤로 문이 닫혔을 때, 눈앞에 새로운 문이 열리기를 바란 적이 있는가? 실패를 성공으로 바꾸기를 소망해 본 적은 있는가?

모두 몽상처럼 들리기만 하는가? 나폴레온 힐은 우리가 오직 생각하고, 믿고, 이루기만 하면 된다고 말했다. 굉장히 쉬운 일처럼 들리지만, 현실은 그렇지 않다. 우리는 우주에게 바라는 것을 전할 때 매우 조심스러워야 한다. 가장 강하게 원하는 것만 우주에게서 받을 것이기 때문이다. 이는 해가 동쪽에서 뜨는 것만큼 확실하다. 우리가 마음속 상상에 에너지를 불어넣을 때, 상상은 현실이 된다. 그리고 상상에 얼마나 많은 에너지를 불어넣느냐에 따라 결과가 결정된다. 이 에너지는 굉장히 중요하다. 이 에너지야말로 우리가 살아 있다는 증거이기 때문이다.

새해 첫 날, 당신은 어떤 프로젝트를 계획하고 있는가? 목표를 세울 때, 당신의 성품을 고려했는가? 인간은 신체적, 영적, 사회적, 감정적, 재정적, 정신적 요소들로 이루어진 다면적인 존재다. 새해, 새로운 목표를 세울 때 이 요소들을 고려해 보는 일은 중요하다. 중요한 요소 중 일부를 빼놓는다면 목표를 향해 달려갈 때 어느 한쪽으로 기울게 될 것이다.

바퀴살이 고장나면 바퀴가 굴러가지 않는 것처럼 삶의 기본적인 부분들에 문제가 생기면 삶이 힘들어진다. 자동차 바퀴를 예로 들어 보자. 자동차를 운전하다 보면 바퀴에서 공기가 빠지기도 한다. 바퀴에서 공기가 빠지면 처음에는 평탄하지 않게 굴러다가가 결국에는 멈추고 만다. 새해에는 이런 구멍 난 타이어 신드롬을 겪고 싶지 않을 것이다. 인생의 바퀴를 잘 관리해서 순탄한 인생길을 갈 수 있도록 하자.

새해에는 당신에게 좋은 일만 있기를 바란다. 당신의 인생길이 순탄하고 기회로 가득하기를, 당신의 여정이 기억에 남을 만한 것이기를, 그리고 원하는 목적지에 도착하기를 바란다. 당신이 목표를 이룬다면, 뒤를 돌아보고 당신을 도와주었던 사람들에게 손을 내미는 것도 잊지 말자.

열린 마음과 닫힌 마음
- 나폴레온 힐

열린 마음은 자유로운 마음이다. 새로운 생각이나 개념에 마음을 닫은 사람은 자신의 생각 안에 갇힌 사람이나 다름없다. 편협한 마음은 양날의 칼과 같아서 한쪽 날로는 기회를 잘라내고, 다른 한쪽 날로는 소통의 기회를 없애 버린다. 우리가 마음을 열 때, 상상력은 행동할 자유를 얻게 된다.

라이트 형제가 비행 실험을 했을 때, 비웃은 사람들이 있었다. 린드버그가 대서양 횡단 계획을 밝혔을 때, 그를 지지해 주는 사람은 거의 없었다. 오늘날, 인류가 우주를 여행할 날이 올 거라고 상상하는 사람들이 있다. 그러나 아무도 이 생각을 비웃지 않는다. 오히려 비웃는 사람들은 경멸을 당할 뿐이다.

닫힌 마음은 성격이 닫혀 있다는 증거다. 닫힌 마음을 가진 사람들은 발전할 수 있는 기회를 결코 얻지 못한다. 그러나 마음을 연다면 성공 과학의 첫 번째 법칙을 단번에 실행할 수 있게 된다. 성공 과학의 첫 번째 법칙은 '우리가 무엇이든 마음에 품고 간절히 믿는다면 그것을 이룬다'는 법칙이다.

그렇게 하려면 자신을 돌아보는 것이 중요하다. 당신은 '나는 할 수 있다!'고 말하는 사람인가? 아니면 '나는 할 수 없다'고 말하는 사람인가? 마음을 열기 위해서는 스스로에 대한 믿음, 인류에 대한 믿음, 그리고 인간과 우주가 발전하기를 바라는 조물주에 대한 믿음이 필요하다.

미신이 지배하던 시대는 지나갔다. 하지만 편견의 어둠은 아직도 우리 위에 짙게 드리워져 있다. 우리는 자신의 성품을 자세히 살펴봄으로써 빛으로 나아갈 수 있다. 당신은 선입견과 감정에 따라 결정하는가? 아니면 이성과 논리에 따라 결정하는가? 당신은 동료의 의견을 사려 깊고 조심스럽게 경청하는가? 당신은 소문을 찾아보는가? 아니면 사실을 찾아보는가?

당신의 마음이 사회 문화적 편견에 갇혔던 적이 있는가? 당신을 성공으로부터 고립시키는 세뇌에 빠진 적이 있는가? 만약 그렇다면, 당신의 지적 능력을 가두는 편견의 감옥에서 나올 때다. 마음을 열고 자유로운 상태를 만들자.

* 출처 : 〈무한 성공Success Unlimited〉

49. 내면에 숨겨진 자산

우리는 개인적 성공이 사업에서의 성공보다 먼저 찾아온다는 중요한
원칙을 깨닫지 못하고 놓치곤 한다.

- 킵 킨트Kip Kint

자기 인생의 천직을 찾는 건 쉬운 일이 아니다. 우리는
천직이나 개인적인 소명을 찾기 위해 여러 가지 시도를 한다. 또
한 인생의 천직이라고 생각한 것을 찾았다가도 그 일이 돈을 많
이 벌어다 주지 않을까 두려워하고 걱정하며 뒤로 물러나기도
한다.

우리는 좋아하거나 즐기는 것들을 능숙하게 한다. 그리고 그
일이야말로 숨겨진 보물, 즉 우리의 소명이다. 즐거움 없이 그저
재정적 안정만을 가져다주는 직업을 추구하는 것은 우리에게 이
익이 되지 않는다. 돈을 조금 덜 벌더라도 개인적인 만족감을 불
어넣는 직업을 추구하자. 자신이 하는 일에 마음이 끌린다면, 그
일을 하는 동안 시계를 들여다보지 않을 만큼 즐겁다면, 그리고
그 일이 누구에게도 해를 끼치지 않는다면 그 일이야말로 당신
의 천직이자 소명이다.

숨겨진 자산들은 우리의 내면 깊은 곳에 숨겨져 있는 특성들이

다. 이 특성들은 정말로 필요한 때가 오기 전까지는 드러나지 않기도 한다. 시련이 닥치거나, 불만족스러운 때가 오거나, 일상에서 더 앞으로 나아갈 수 있는 재능을 발견하고 싶다는 열망에 휩싸이지 않는 한 숨겨진 자산들은 드러나지 않기도 한다.

일단 숨겨진 재능들을 인식하게 되면 진정한 자아를 찾는 여정을 시작하게 된다. 나폴레온 힐이 언급한 '건설적인 불만족'을 통해 내면의 보물 상자 안에 담긴 풍요로움을 찾아보자.

건설적인 불만족

- 나폴레온 힐

우리의 내면에는 부와 성공을 이루는데 필요한 것들이 갇혀 있다. 이 숨은 자산들을 어떻게 이용하는지를 배워야만 사용할 수 있게 된다. 안타깝게도 많은 사람들이 내면의 숨은 자산들을 이용하지 못한 채 살아간다. 그렇지만, 어떤 사람들은 역경과 시련을 통해 내면의 자산을 이용하는 법을 배우기도 한다.

크리스마스가 다가올 무렵, 직업을 잃은 회계사가 있었다. 그는 열 살짜리 아들에게 선물을 사 줄 돈도 없었다. 하지만 그는 절망하지 않았고, 아들에게 선물을 직접 만들어 주기로 했다. 그는 버려진 유모차에서 뺀 바퀴 두 개와 지하실에 있던 통나무 몇 개, 그리고 빨간 페인트를 이용해서 이웃사람들의 시선을 사로잡는 장난감을 만들었다.

그러자 이웃의 다른 아이들도 이 장난감을 갖고 싶어 했다. 이 장난감을 찾는 사람들이 늘어나자 실업자였던 회계사는 자기 집 지하실을 공장으로 탈바꿈시켰고, 훗날 자기 상품을 생산하는 공장을 세우게 되었다. 이 회계사가 디자인한 장난감은 훗날 '스쿠터'로 불리게 되었다.

1차 세계대전에서 돌아온 참전 군인의 이야기를 살펴보자.

그는 전쟁이 발발하기 전에는 영업사원이었지만, 참전하고 돌아온 뒤에는 실업자가 되었다. 그러나 그는 자신의 숨은 자산을 이용했다. 그는 아이스크림에 막대기를 끼우고 초콜릿을 발라서 팔기 시작했다. 이 아이스크림이 바로 '에스키모 파이(초콜릿을 씌운 장방형의 아이스크림)'다.

한 청년이 주유소에서 열심히 일했지만 일은 힘들고 수입은 형편없었다. 그는 '건설적인 불만족'으로 가득 차 있었다. 결국 청년은 어린이 책을 팔기 시작했다. 그는 학교 교사들과 친분을 맺고 어린이 책을 교실에서 읽어 줘도 된다는 허가를 받았다. 그리고 아이들에게 부모님과 만날 약속을 잡아도 되는지 물었다. 그는 아이들의 부모를 만나서 책을 팔고자 했던 것이다. 그의 계획은 멋지게 성공했고, 그는 자신만의 출판사를 갖게 되었다.

눈에 쉽게 보이지 않아서 간과하기만 했던 '숨은 자산'을 찾아보았는가? 찾아서 사용하기만 하면 훌륭한 가치가 있을 아이디어나 계획을 가지고 있는가?

크게 성공한 사업가는 이렇게 말했다.

"계속 팔릴 유용한 물건을 준비하라. 그리고 그 물건이 필요한 수백만 명에게 물건을 팔기 위해 자신의 모든 것을 쏟아 부어라."

이 사업가의 이름은 F. W. 울워스다. 그는 새로운 것은 아무것도 만들지 않았다. 그는 단지 새로운 영업 방식으로 원래 존재하던 것을 판매했을 뿐이다.

오늘날에는 성공의 기회가 그 어느 때보다 많다. 그리고 점점 더 많아지고 있다. 예를 들어 보자. 교통사고를 줄이기 위한 간단한 방법을 고안한 사람은 수백만 달러를 벌어들이고 있다. 당신도 이런 식으로 기회를 찾아낼 수 있다.

당신이 사용하지 않은 숨은 자산은 어딘가에 반드시 존재한다. 그 자산을 이용하면 당신도 재정적으로 부유한 삶을 살 수 있다.

[*] 출처 : 〈무한 성공 Success Unlimited〉

50. 엄격한 사랑

> 자기 수양은 시기, 증오, 복수심, 탐욕, 분노, 미신의 문을 닫는 대신
> 우정과 선의, 자신감과 사랑의 문을 열어 준다.
>
> - 나폴레온 힐*Napoleon Hill*

엄격한 사랑은 현실과 환상이 맞부딪칠 때, 우리를 현실로 데려오게 만드는 테크닉이다. 부모들은 "안 돼!"라고 말하거나 용돈 등을 주지 않는 방식으로 이 테크닉을 적용한다. 엄격한 사랑은 부모가 보기에 자녀에게 바람직하지 않은 것을 거부하는 선택이다.

우리가 자라서 성인이 되고 부모가 세상을 떠나면, 우리는 내면의 아이에게 "안 돼!"라고 말할 때가 있다는 것을 알게 된다. 성숙함은 긍정적인 성장과 함께 온다. 우리는 '성장의 교차로'에 섰을 때 종종 가던 길을 계속 가는 것을 선택한다. 그 길을 선택하면 더 노력할 필요가 없기 때문이다. 늘 똑같은 일상을 선택하면 늘 똑같은 결과를 얻게 된다. 그리고 얼마 지나지 않아 성장의 길이 아니라 침체의 길을 걷고 있음을 깨닫게 된다. 이런 태도는 자기 수양만이 멈추게 할 수 있다.

우리는 필요할 때 조언을 해주는 '양심'을 가지고 있다. 우리는 종종 더 나은 미래를 향해 나아가기 보다는 과거에 일어난 일이나 실수, 상실에 대한 후회에 머물러 있는 편을 선택하곤 한다. 닫힌 문의 비유를 들어 보자. 나폴레온 힐은 우리가 과거로 향하는 문을 굳게 닫고 그 문턱에 머물러 있지 않음으로써 인생의 목적을 향해 나아갈 수 있다고 말했다. 이 말은 우리가 정이 없거나 동정심이 없어야 한다는 뜻이 아니다. 우리가 앞서 말한 '엄격한 사랑'을 자신에게 적용해야 한다는 뜻이다.

바로 오늘, 당신이 열어 둔 과거의 문이 있는지 자신에게 물어보라. 그 문을 닫고 잠가 버린 뒤 열쇠를 던져 버리는 것이 두려운가? 당신이 계속해서 과거를 돌아보기 때문에 앞으로 나아가지 못한다는 사실을 생각해 보라. 당신을 앞으로 나아가지 못하게 만드는 것은 과거의 일들이다. 과거의 문을 즉시 닫아 버리고 다시는 돌아보지 말자. 그러면 새로운 문들이 당신을 기다릴 것이다. 당신이 새로운 문을 두드리면 그 문은 열릴 것이고, 당신을 기다리는 운명을 향해 나아가게 될 것이다.

과거의 문

- 나폴레온 힐

마음속에서 과거의 절망이나 실패, 물질적인 것이
나 사랑하는 사람, 친구를 잃은 슬픔 때문에 생겨난 상실감과 연
관된 심각한 문제에 대해 생각해 보자. 자기 수양이야말로 이런
문제들의 유일한 해결책이다. 일단 우리는 세상에 두 가지 종류
의 문제가 있다는 것을 인식해야 한다. 이 세상에는 우리가 해결
할 수 있는 문제와 해결할 수 없는 문제가 있다. 우리가 해결할
수 있는 문제는 실용적인 수단을 통해 바로 해결하고, 해결할 수
없는 문제는 마음에서 지우고 잊어버리자.

잊어버리는 과정에 대해 잠시 생각해 보자. 잊어버린다는 것
은 감정적인 평화를 뒤흔드는 불편함의 문을 닫아 버리는 것이
다. 감정을 통제하는 자기 수양은 자신과 불쾌한 경험 사이에 있
는 문을 닫아 버릴 수 있다. 당신은 이 문이 다시는 열리지 않도
록 잠가 버려야 한다. 이것이 바로 해결할 수 없는 문제를 다루
는 방법이다. 그러나 자기 수양이 부족한 사람들은 문을 닫고 미
래를 향해 나아가지 않고 그 문턱에 서서 아쉬운 눈빛으로 과거

를 돌아본다.

과거의 문을 닫는다고 해서 차갑고 무정한 사람이 되는 것은 아니다. 다만 과거의 문을 닫는 일에는 단호함이 필요하다. 자기 수양은 슬픈 과거의 기억들이 떠돌아다니게 내버려 두지 않는다. 그리고 해결할 수 없는 문제들을 걱정하며 시간을 보내도록 두지도 않는다. 불행한 기억들을 다시 체험하려는 유혹에 넘어가서는 안 된다. 불행한 기억들은 창의력과 자기 주도성을 짓밟고 상상력을 약하게 하며, 이성을 헤집으며 마음을 혼란스럽게 만든다.

우리는 의지의 힘을 이용해서 잊어버리고 싶은 기억의 문을 반드시 닫아야 하며, 이는 자기 수양을 통해서만 이루어질 수 있다. 자기 수양은 두려움으로 향하는 모든 문을 굳게 닫고, 희망과 믿음의 문을 활짝 열어 줄 것이다.

자기 수양은 시기, 증오, 복수심, 탐욕, 분노, 그리고 미신의 문을 닫는다. 그 대신 우정과 선의, 자신감과 사랑의 문을 열어 준다. 자기 수양은 앞만 바라볼 뿐 뒤를 바라보지도 않는다. 자기 수양은 낙담과 걱정을 비롯한 모든 부정적인 감정들의 뿌리를 뽑아 버린다. 자기 수양은 긍정적인 감정들을 불러일으키고, 감정이 이성 뒤에 오게 만듦으로써 감정을 효과적으로 통제할 수 있도록 돕는다.

자기 수양은 마음을 강하게 만든다. 자기 수양을 통해서 마음을 조절할 수 있고, 신이 주신 권리인 정신을 통제할 수 있다. 그러나 마음을 잘 통제하여 방해가 되는 모든 영향력들을 없애지 않는 이상, 진정으로 자기 수양을 했다고 할 수는 없다.

성공철학의 모든 원칙은 마음을 통해서 이루어진다. 그리고 자기 수양은 성공으로 가는 모든 과정에서 가장 중요한 요소로 작용한다.

* 출처 : 〈PMA 성공의 과학PMA Science of Success〉

오늘보다 나은 내일을 위해 실천할 것들
- 나폴레온 힐

명확한 목표 : 성공한 사람들은 자발적으로 행동한다. 그들은 출발하기 전에 어디로 향하는지 알고 출발한다.

훌륭한 친구들 : 다른 사람들과 관계를 맺고 어울리지 않으면 성공할 수 없다.

실천하는 믿음 : 할 수 있다고 믿으면 실제로 할 수 있다.

최선을 다하는 습관 : 성공한 사람들은 다른 사람들을 위해 일한 사람들이었다.

유쾌한 믿음 : 인간관계에서 유쾌한 성품은 매우 중요하며, 성공한 사람들은 자신에게도 타인에게도 유쾌한 사람이었다.

자기 주도성 : 말단 직원이었던 사람들도 다가온 기회를 놓치지 않고 잡아서 성공한 기업가가 되었다.

긍정적인 자세 : 간절히 바라는 것에 대해서만 생각하면 그것을 이룰 수 있다.

열정 : 간절한 소망이 자기 마음을 사로잡게 하라. 열정적인 동기가 뒷받침되어야만 원하는 것을 이룰 수 있다.

자기 수양 : 자기 생각의 주인이 되어 감정을 조절하고, 운명을 결정하라.

정확한 생각 : 어떤 사실을 믿고 싶지 않거나 그에 대해 무지하고 편협한 태도를 보일 수 있다. 하지만 그렇다고 해서 진실이 변하

는 것은 아니다.

주의력 조절 : 원하는 것에 대해서만 생각하고, 원하지 않는 것은 마음에서 떼어내라.

팀워크 : 조화로운 협동은 나눔을 통해서 얻을 수 있는 가장 가치 있는 자산이다.

역경과 시련 : 모든 시련과 역경은 그에 합당한 보상의 씨앗과 함께 온다는 사실을 기억하라.

창조적인 비전 : 상상력은 목표 성취에 필요한 계획을 짜는 영혼의 공작소다.

건강관리 : 스스로 아프다고 생각하면 병에 걸리게 된다.

시간과 돈 관리 : 현재의 시간과 돈은 10년 후의 자기 모습을 그려 보면서 관리하라.

보편적 습관의 법칙 : 지금 이 순간의 생각과 행동 습관이 자신을 만든다.

골든룰

2019년 12월 25일 초판 1쇄 발행

지은이 | 나폴레온 힐 • 주디스 윌리엄슨
옮긴이 | 이소옥

펴낸이 | 계명훈
편집 | 손일수
마케팅 | 함송이
경영지원 | 이보혜
디자인 | 이혜경
인쇄 | RHK홀딩스

펴낸 곳 | for book
주소 | 서울시 마포구 공덕동 105-219 정화빌딩 3층
출판 등록 | 2005년 8월 5일 제2-4209호
판매 문의 | 02-753-2700(에디터)

값 15,000원
ISBN 979-11-5900-040-9 (13320)

NAPOLEON HILL'S GOLD STANDARD